Der Wiedereinstellungsanspruch des Arbeitnehmers
nach Wegfall des Kündigungsgrundes

Europäische Hochschulschriften
Publications Universitaires Européennes
European University Studies

Reihe II
Rechtswissenschaft

Série II Series II
Droit
Law

Bd./Vol. 3786

PETER LANG
Frankfurt am Main · Berlin · Bern · Bruxelles · New York · Oxford · Wien

Simone Nädler

Der Wiedereinstellungsanspruch des Arbeitnehmers nach Wegfall des Kündigungsgrundes

PETER LANG
Europäischer Verlag der Wissenschaften

Bibliografische Information Der Deutschen Bibliothek
Die Deutsche Bibliothek verzeichnet diese Publikation in der Deutschen Nationalbibliografie; detaillierte bibliografische Daten sind im Internet über <http://dnb.ddb.de> abrufbar.

Zugl.: Hannover, Univ., Diss., 2003

D 89
ISSN 0531-7312
ISBN 3-631-51744-0

www.peterlang.de

Vorwort

Die Arbeit lag im Sommersemester 2003 dem Fachbereich Rechtswissenschaften der Universität Hannover als Dissertation vor.

Literatur und Rechtsprechung wurden bis Februar 2002 berücksichtigt.

Mein Dank gilt Frau Prof. Dr. Wendeling-Schröder für die Betreuung und Förderung der Arbeit. Ihre verständnisvolle und freundliche Unterstützung sowie Anregungen haben die Vollendung der Arbeit erst ermöglicht.

Herrn Prof. Dr. Dorndorf danke ich für die Erstellung des Zweitgutachtens.

Ich widme die Arbeit meinen Eltern. Nicht nur in finanzieller Hinsicht, sondern vor allem durch ihre Anteilnahme und moralische Unterstützung waren sie die größte Hilfe für mich.

Hannover, im August 2003 Simone Nädler

Gliederung

I. Einleitung

Nachdem ein Wiedereinstellungsanspruch des wirksam gekündigten Arbeitnehmers bei nachträglichem Wegfall des Kündigungsgrundes von der Rechtsprechung jahrzehntelang nur für Verdachtskündigungen anerkannt war, wurde sein Anwendungsbereich durch vier Entscheidungen des BAG im Jahre 1997 auf betriebsbedingte Kündigungen erweitert.[1] Eine weitere Ausdehnung durch die Rechtsprechung ist nicht ausgeschlossen.[2] Gleichzeitig ist nach wie vor die Rechtsgrundlage des Wiedereinstellungsanspruchs ungeklärt. Hierzu gibt es nicht nur eine Vielzahl unterschiedlicher Ansichten in der Literatur bis hin zur völligen Ablehnung des Bestehens einer Rechtsgrundlage, sondern auch noch keine einheitliche Linie der verschiedenen Senate des BAG. Während der 7. Senat des BAG mittlerweile von einer Herleitung des Wiedereinstellungsanspruchs aus einer vertraglichen, den Vorgaben des Kündigungsschutzgesetzes und der staatlichen Schutzpflicht aus Art. 12 I GG Rechnung tragenden Nebenpflicht des Arbeitgebers ausgeht,[3] hat sich der 2. Senat bisher nicht festgelegt.[4]

Die Klärung der Existenz und Art einer Rechtsgrundlage des Wiedereinstellungsanspruchs ist aber unerlässlich für die Bestimmung des Anwendungsbereichs eines solchen Anspruchs sowie zur Festlegung seiner inhaltlichen und zeitlichen Grenzen. Sie ist ebenso notwendig, um dem in der Literatur erhobenen Vorwurf entgegenzuwirken, bei der Anerkennung eines Wiedereinstellungsanspruchs des Arbeitnehmers durch das BAG handele es sich um eine bloße Billigkeitsrechtsprechung,[5] die zu

---

1 BAG v. 27.2.1997, 6.8.1997, 4.12.1997, EzA § 1 KSchG Wiedereinstellungsanspruch Nr. 1-3; BAG v. 13.11.1997, EzA § 613 a BGB Nr. 154

2 Vgl. BAG v. 17.6.1999, SAE 2000, 93, (97); BAG v. 27.6.2001, NZA 2001, 1135 f.

3 BAG v. 28.6.2000, ZIP 2000, 1781, (1784)

4 BAG v. 27.2.1997, EzA § 1 KSchG Wiedereinstellungsanspruch Nr. 1

5 So Ricken, Anm. zu BAG v. 27.6.2001, AP Nr. 10 zu § 1 KSchG 1969 Wiedereinstellung; ASP/Dörner, § 1 KSchG, Rn. 78

systemwidrigen bzw. teilweise willkürlichen Ergebnissen und erheblicher Rechtsunsicherheit führe.[6]

Ziel der folgenden Untersuchung ist daher die dogmatische Legitimation eines Wiedereinstellungsanspruchs des Arbeitnehmers im geltenden System des Kündigungsschutzrechts.

Anschließend wird anhand der sich daraus ergebenden Vorgaben der Anwendungsbereich des Wiedereinstellungsanspruchs im Hinblick auf die verschiedenen Kündigungsgründe bestimmt. Unberücksichtigt bleibt der Sonderfall eines Wiedereinstellungsanspruchs aufgrund nachträglichen Betriebsübergangs.[7] Schließlich werden die Voraussetzungen und zeitlichen Grenzen des Wiedereinstellungsanspruchs festgelegt sowie einzelne umstrittene Folgeprobleme der Anerkennung dieses Rechtsinstituts erörtert.

Literatur und Rechtsprechung wurden bis Februar 2002 berücksichtigt.

---

6 Vgl. Otto, Anm. zu BAG v. 28.6.2000, AP Nr. 6 zu § 1 KSchG 1969 Wiedereinstellung

7 Siehe dazu Lisec, Der Wiedereinstellungsanspruch des Arbeitnehmers nach betriebsbedingter Kündigung und Betriebsübergang, Diss. Berlin 2000

II. Begrifflichkeit

Fraglich ist zunächst, was unter der Bezeichnung Wiedereinstellungsanspruch inhaltlich zu verstehen ist. Der Wortsinn impliziert, dass ein wirksames Arbeitsverhältnis wirksam sein Ende gefunden haben muss, folglich der Anspruch inhaltlich auf den Abschluss eines neuen Arbeitsvertrages gerichtet ist[8]. Teilweise ist demgegenüber in der Literatur von einem Fortsetzungs-[9] bzw. Weiterbeschäftigungsanspruch[10] die Rede. Ein solcher wird angenommen, wenn der Kündigungsgrund in der Zeit zwischen dem Zugang der Kündigungserklärung und dem Ablauf der Kündigungsfrist entfällt[11], da dann das Arbeitsverhältnis noch gar nicht beendet wurde, sodass der Anspruch inhaltlich auf Fortsetzung des alten Arbeitsvertrages ziele[12]. Im Umkehrschluss liegt nach dieser Differenzierung ein Wiedereinstellungsanspruch vor, wenn der Kündigungsgrund nach Ablauf der Kündigungsfrist, also nach wirksamer Beendigung des Arbeitsverhältnisses entfällt oder der Arbeitnehmer den Wegfall erst zu diesem Zeitpunkt geltend macht[13]. Die Unterscheidung zwischen einem Anspruch auf Vertragsfortsetzung und einem solchen auf Wiedereinstellung, d. h. auf Neuabschluss eines Arbeitsvertrages, hat Auswirkungen auf den Zeitpunkt der Begründung der vertraglichen Pflichten (rückwirkend zum Ablauf der Kündigungsfrist oder ex nunc ab Einverständniser-

8 Hambitzer, Wiedereinstellungsanspruch, S. 3; Wank, Anm. zu BAG v. 15.03.1984, AP Nr. 2 zu § 1 KSchG 1969 Soziale Auswahl; Preis, Anm. zu LAG Köln v. 10.01.1989, LAGE § 611 BGB Einstellungsanspruch Nr. 1; Raab, RdA 2000, 147, (157); v. Stein, RdA 1991, 85, (88)

9 ASP/Dörner, § 1 KSchG, Rn. 74, 75; Preis, Anm. zu LAG Köln v. 10.01.1989, LAGE § 611 BGB Einstellungsanspruch Nr. 1; Raab, RdA 2000, 147, (157 f.); Mathern, NJW 1996, 818, (819 ff.); Ziemann, MDR 1999, 716, (718 ff.)

10 MünchHdb ArbR II/Wank, § 121, Rn. 116

11 MünchHdb.ArbR II/Wank, § 121, Rn. 116; ASP/Dörner, § 1 KSchG, Rn. 74; Zwanziger, BB 1997, 42

12 Preis, Anm. z. LAG Köln v. 10.01.1989, LAGE § 611 BGB Einstellungsanspruch Nr. 1; Raab, RdA 2000, 147, (157)

13 Preis, Anm. z. LAG Köln v. 10.01.1989, LAGE § 611 BGB Einstellungsanspruch Nr. 1; Raab, RdA 2000, 147, (157); v. Stein, RdA 1991, 85, (90); Hambitzer, S. 3

klärung des Arbeitgebers bzw. stattgebendem Urteil)[14], die zwischenzeitlichen Vergütungsansprüche des Arbeitnehmers (aus Verzugslohn § 615 BGB oder auf Schadensersatz gem. §§ 280 Abs. 1 i. V. m. Abs. 2, 286 BGB n. F. bzw. §§ 284, 286, 280 Abs. 1, 249, 251 BGB a. F.)[15], den Streitgegenstand im Kündigungsschutzprozess[16] sowie eine eventuelle Betriebsratsbeteiligung gem. § 99 Abs. 1 BetrVG[17]. Die Terminologie des BAG bezüglich eines Fortsetzungs- oder Wiedereinstellungsanspruchs ist uneinheitlich. Während der 8. Senat des BAG durchgängig von einem Anspruch auf Fortsetzung des Arbeitsvertrages ausgeht[18], spricht der 7. Senat des BAG nur von einem Wiedereinstellungsanspruch[19] und beschränkt dessen Entstehungsmöglichkeit ausdrücklich auf den Zeitraum bis zum Ablauf der Kündigungsfrist. Demgegenüber bezeichnet der 2. Senat des BAG in seinen Entscheidungen denselben Anspruch sowohl als Fortsetzungs- als auch als Wiedereinstellungsanspruch[20]. Dem entspricht es, dass der 2. Senat des BAG in seiner Entscheidung vom 27.02.1997 der Frage der Benennung des Anspruchs ausdrücklich untergeordnete Bedeutung beimisst[21]. Inhaltlich gehe es darum, durch einen neuen Vertrag das aufgrund der Kündigung wirksam beendete Arbeitsverhältnis für die Zeit nach Ablauf der Kündigungsfrist neu zu begründen, was die herkömmliche Bezeichnung als Wiedereinstellungsanspruch sinnvoll erscheinen ließe[22]. Die Rechtsprechung der Landesarbeitsgerichte folgt teilweise der terminologischen Differenzierung in der Literatur, wonach bei einem Wegfall des Kündigungsgrundes während des Laufs der Kündigungsfrist der Anspruch auf Fortsetzung des Arbeitsvertrages gerichtet sei[23], während nach Ablauf der Kündi-

---

14 Meinel/Bauer, NZA, 1999 575, (581); Preis/Steffan, DB 1998, 309, (312 f.); Boewer, NZA 1999, 1177, (1178); Raab, RdA 2000, 147, (157 f.)

15 Preis/Steffan, DB 1998, 309, (312 f.)

16 Mathern, NJW 1996, 818, (820), Otto, in: FS Kraft, 1998, 451, (452, 474 f.)

17 Nägele, BB 1998, 1686, (1689); Beckschulze, DB 1998, 417, (421)

18 BAG v. 12.11.1998, 10.12.1998, EzA § 613 a BGB Nr. 171, 175

19 BAG v. 06.08.1997, EzA § 1 KSchG Wiedereinstellungsanspruch Nr. 2; BAG v. 28.06.2000, ZIP 2000, 1781 ff.

20 BAG v. 27.02.1997, 04.12.1997, EzA § 1 KSchG Wiedereinstellungsanspruch Nr. 1, 3

21 BAG v. 27.02.1997, EzA § 1 KSchG Wiedereinstellungsanspruch Nr. 1, S. 13

22 BAG v. 27.02.1997, EzA § 1 KSchG Wiedereinstellungsanspruch Nr. 1, S. 13

23 LAG Düsseldorf v. 24.06.1952, DB 1952, 700; wieder relativiert durch LAG Düsseldorf v. 12.04.1976, BB 1976, 1226; LAG Baden-Württemberg v. 18.03.1986, DB

gungsfrist nur noch ein Wiedereinstellungsanspruch in Betracht komme. Demgegenüber wird zum Teil ausdrücklich ein Anspruch auf Wiedereinstellung angenommen, wenn der Kündigungsgrund bis zum Ablauf der Kündigungsfrist entfällt[24].

Wenn im Folgenden der Begriff des Wiedereinstellungsanspruchs verwendet wird, ist darunter inhaltlich ein Anspruch auf Abschluss eines neuen Arbeitsvertrages zu verstehen, unabhängig davon, wann der Kündigungsgrund entfallen ist und ohne dass damit schon eine Festlegung bzgl. des Zeitpunkts der Neubegründung des Arbeitsverhältnisses verbunden wäre.

1987, 543, das allerdings von der Unwirksamkeit der Kündigung ausgeht; LAG Köln v. 10.01.1989, 28.06.1996, LAGE § 611 BGB Einstellungsanspruch Nr. 1, 5

24 LAG Berlin v. 01.03.1983, ZIP 1983, 1116; LAG Hamburg v. 26.04.1990, LAGE § 611 BGB Einstellungsanspruch Nr. 2

III. Historische Entwicklung des Wiedereinstellungsanspruchs

Erstmalig ins Blickfeld des öffentlichen Interesses rückte die Wiedereinstellungsproblematik gekündigter Arbeitnehmer nach der Weltwirtschaftskrise (1929 - 1932), als von den Massenentlassungen betroffene Arbeiternehmer die Rückkehr auf ihre alten Arbeitsplätze verlangten[25]. Vereinzelt bejahten unterinstanzliche Gerichte unter Berufung auf die damals in § 2 AOG normierte Fürsorgepflicht einen Wiedereinstellungsanspruch[26]. Die höchstrichterliche Rechtsprechung beschäftigte sich erstmals in den 50-er-Jahren mit dem Problem des Wiedereinstellungsanspruchs gekündigter Arbeitnehmer. Der BGH gestand einem wegen des Verdachts strafbarer Handlung fristlos gekündigten Dienstverpflichteten einen Wiedereinstellungsanspruch aufgrund nachwirkender Fürsorgepflicht zu, nachdem sich der Verdacht später als falsch herausstellte[27]. Dem folgte kurz darauf das BAG für den Fall eines im Rahmen der Entnazifizierung entlassenen Arbeitnehmers, der später rehabilitiert wurde[28]. Das BAG bestätigte diese Rechtsprechung in der Folgezeit für die Fälle von Verdachtskündigungen und geht seitdem in ständiger Rechtsprechung von einem möglichen Wiedereinstellungsanspruch im Bereich von Verdachtskündigungen aus[29]. Dies entspricht der überwiegenden Ansicht in der Literatur[30]. Als Rechtsgrundlage eines solchen Anspruchs werden

---

25 Vgl. ausführlich zur älteren historischen Entwicklung Heilmann, Verdachtskündigung und Wiedereinstellung nach Rehabilitierung, S. 81 ff.; Hambitzer, S. 7 ff.

26 ArbG Gelsenkirchen v. 10.10.1934, 20.05.1936, ARS 23 Nr. 6 u. ARS 25 Nr. 5; ArbG Hindenburg v. 30.11.1937, ARS 31 Nr. 3; LAG Dortmund v. 18.06.1937, ARS 30 Nr. 6

27 BGH v. 13.07.1956, AP Nr. 2 zu § 611 BGB Fürsorgepflicht

28 BAG v. 14.12.1956, AP Nr. 3 zu § 611 BGB Fürsorgepflicht

29 BAG v. 04.06.1964, 20.08.1997, AP Nr. 13, 27 zu § 626 BGB Verdacht strafbarer Handlung

30 KR-Fischermeier, § 626 BGB, Rn. 234; ErfK/Müller-Glöge, § 626 BGB, Rn. 217; Preis, Anm. zu LAG Köln v. 10.01.1989, LAGE § 611 BGB Einstellungsanspruch Nr.1; Bram/Rühl, NZA 1990, 753, (754); Zwanziger, BB 1997, 42, (45); v. Hoyningen-Huene/Linck, § 1 KSchG, Rn. 156 k; Löwisch, KSchG, § 1, Rn. 225; Raab,

insbesondere das Verbot widersprüchlichen Verhaltens[31], die gerechte Verteilung des Prognoserisikos zwischen Arbeitgeber und Arbeitnehmer[32], die nachwirkende Fürsorgepflicht des Arbeitgebers[33] sowie der Aufopferungsgedanke[34] angenommen. Im Bereich der betriebsbedingten Kündigung haben insbesondere seit Anfang der 80-er-Jahre[35] einige Landesarbeitsgerichte einen Fortsetzungs- bzw. Wiedereinstellungsanspruch bei nachträglichem Wegfall der betriebsbedingten Kündigungsgründe bejaht[36]. Dem schloss sich das BAG in einer Grundsatzentscheidung vom 27.02.1997 an[37]. Diese Rechtsprechung wurde inzwischen mehrfach bestätigt[38] und steht im Einklang mit der überwiegenden Meinung in der Literatur[39]. Der 2. Senat des BAG stützte in seiner Entscheidung vom 27.02.1997 den Wiedereinstellungsanspruch kumulativ auf Art. 12 GG, den Schutzzweck des § 1 KSchG, die Korrektur der Prog-

---

RdA 2000, 147, (148); Belling, RdA 1996, 223, (238); Oetker, ZIP 2000, 643, (649); Auffarth/Müller, KSchG, § 1, Rn. 231; Hambitzer, S. 108 ff. m. w. N. für ältere Literatur auf S. 11, Fn. 34; ablehnend: Mohnen, RdA 1957, 405, (407); Kaiser, ZfA 2000, 205, (228 f.)

31 Preis, Anm. zu LAG Köln v. 10.01.1989, LAGE § 611 BGB Einstellungsanspruch Nr.1

32 Bram/Rühl, NZA 1990, 753, (754)

33 KR-Fischermeier, § 626 BGB, Rn. 234; nachvertragliche Interessenwahrungspflicht: Oetker, ZIP 2000, 643, (649)

34 Zwanziger, BB 1997, 42, (45)

35 Davor bereits LAG Düsseldorf v. 24.06.1952, DB 1952, 700 sowie v. 12.04.1976, BB 1976, 1226, letzteres allerdings ohne eigene Stellungnahme

36 LAG Berlin v. 01.03.1983, ZIP 1983, 1116, (1117); LAG Baden-Württemberg v. 18.03.1986, DB 1987, 543; LAG Köln v. 10.01.1989, 28.06.1996, LAGE § 611 BGB Einstellungsanspruch Nr. 1, 5; LAG Hamburg v. 26.04.1990, LAGE § 611 BGB Einstellungsanspruch Nr. 2

37 BAG v. 27.02.1997, EzA § 1 KSchG Wiedereinstellungsanspruch Nr. 1

38 BAG v. 06.08.1997, 04.12.1997, EzA § 1 KSchG Wiedereinstellungsanspruch Nr. 2, 3; BAG v. 13.11.1997, EzA § 613 a BGB Nr. 154; BAG v. 28.06.2000, ZIP 2000, 1781

39 Bader/Bram, KSchG, § 1, Rn. 73; ErfK/Ascheid, § 1 KSchG, Rn. 473; v. Hoyningen-Huene/Linck, § 1 KSchG, Rn. 156 a ff.; Kittner/Kittner, § 1 KSchG, Rn. 56 a; KR-Etzel, § 1 KSchG, Rn. 736; Löwisch, KSchG, § 1, Rn. 80 ff., 263; Boewer, NZA 1999, 1121, (1130); Preis, Anm. zu LAG Köln v.10.01.1989, LAGE § 611 BGB Einstellungsanspruch Nr. 1; Bram/Rühl NZA 1990, 753, (754 f.); Zwanziger, BB 1997, 42, (42 f.); Nägele, BB 1998, 1686, (1687); Raab, RdA 2000, 147, (153 f.); ablehnend: Kaiser, ZfA 2000, 205, (235); Ricken, NZA 1998, 460, (464 m. w. N. auf S. 460 in Fn. 6)

noseentscheidung des Arbeitgebers, Rechtsmissbrauch, Vertrauensschutz des Arbeitnehmers, die Interessenwahrungspflicht des Arbeitgebers und für den Fall eines unvorhergesehenen Betriebsübergangs auf die drohende Umgehung des § 613 a BGB zurückgreift[40], stellt der 7. Senat des BAG ausdrücklich auf die Interessenwahrungspflicht ab[41]. Der 8. Senat verweist für die Fälle des Betriebsübergangs auf eine richtlinienkonforme Auslegung des § 613 a Abs. 1 BGB[42]. In der Literatur werden neben den bereits genannten Rechtsgrundlagen eine systemimmanente Rechtsfortbildung[43] oder eine erweiternde Auslegung des § 1 Abs. 3 KSchG[44] diskutiert. Auch in Bereich der personen-, insbesondere der krankheitsbedingten, Kündigung wird im jüngeren Schrifttum vielfach die Möglichkeit eines Wiedereinstellungsanspruchs bejaht.[45] Das BAG hat die Frage, ob ein Wiedereinstellungsanspruch auch bei krankheitsbedingten Kündigungen in Betracht kommt, bisher ausdrücklich offen gelassen.[46] Jedoch finden sich in der Entscheidung des BAG vom 27.6.2001 Ausführungen, die in die Richtung einer Anerkennung eines Wiedereinstellungsanspruchs bei krankheitsbedingter Kündigung weisen könnten. Für die verhaltensbedingte Kündigung wird ein Wiedereinstellungsanspruch dagegen nach wie vor überwiegend abgelehnt.[47] Zugleich finden sich in der neueren Literatur vermehrt Positionen, die einen Wiedereinstellungs-

40 BAG v. 27.02.1997, EzA § 1 KSchG Wiedereinstellungsanspruch Nr. 1

41 BAG v. 28.06.2000, ZIP 2000, 1781, (1784)

42 BAG v. 13.11.1997, EzA § 613 a BGB Nr. 154

43 Raab, RdA 2000, 147, (152); zustimmend: Kort, SAE 2001, 131, (134); KR-Etzel, § 1 KSchG, Rn. 729

44 Zwanziger, BB 1997, 42, (43)

45 Raab, RdA 2000, 147, (153); Nägele, BB 1998, 1686, (1687); MünchHdb ArbR II/Berkowsky, § 134, Rn. 93; für die krankheitsbedingte Kündigung: Hambitzer, Wiedereinstellungsanspruch, S. 130 ff.; v. Stein, Fehleinschätzungen bei der Kündigung von Arbeitsverhältnissen, S. 256 f.; Bram/Rühl, NZA 1990, 753, (754); Mathern, NJW 1996, 818, (819 ff.); KR-Etzel, § 1 KSchG, Rn. 739

46 BAG v. 17.6.1999, SAE 2000, 93, (97); BAG v. 27.6.2001, NZA 2001, 1135 f.

47 Wank, Anm. zu BAG v. 15.03.1984, AP Nr. 2 zu § 1 KSchG 1969 Soziale Auswahl; Preis, Anm. zu LAG Köln v. 10.01.1989, LAGE § 611 BGB Einstellungsanspruch Nr. 1; Meinel/Bauer, NZA 1999, 575, (577); Raab, RdA 2000, 147, (153); KR-Etzel, § 1 KSchG, Rn. 740; anders dagegen: Nägele, BB 1998, 1686, (1687); MünchHdb ArbR II/Berkowsky, § 134, Rn. 93

anspruch des Arbeitnehmers mangels Rechtsgrundlage grundsätzlich ablehnen.[48]

Die vorstehende Entwicklung verdeutlicht die Tendenz in Richtung einer immer weiteren Ausdehnung des Anwendungsbereichs des Wiedereinstellungsanspruchs, bei gleichzeitiger Unklarheit seiner Rechtsgrundlage. Daher stellt sich Frage nach der dogmatischen Legitimation des Wiedereinstellungsanspruchs umso dringender.

48 ASP/Dörner, § 1 KSchG, Rn. 78; Boemke, AR- Blattei, Arbeitsvertrag - Arbeitsverhältnis X, Nachwirkungen des Arbeitsvertrags, Rn. 170 ff.; Ricken, NZA 1998, 460, (461 ff.); Kaiser, ZfA 2000, 205, (217 ff.)

IV. Die Veränderung von Kündigungsgrundlagen als systemimmanentes Problem

Ausgangspunkt ist die Annahme, dass dem Kündigungsgrund die Möglichkeit der Veränderung seiner Umstände innewohnt, also schon zum Zeitpunkt des Kündigungsausspruchs feststeht, dass der geltend gemachte Sachverhalt nicht abgeschlossen, sondern für die weitere Entwicklung offen ist[49]. Diese Annahme basiert auf der Erkenntnis, dass die Kündigungsgründe ihrer Natur nach zukunftsbezogen sind[50]. Dies ergibt sich zum einen aus dem Zweck jeder Kündigung, das Arbeitsverhältnis für die Zukunft zu beenden[51]. Zum anderen stellt § 1 Abs. 2 S. 1 und S. 2 KSchG auf die fehlende Weiterbeschäftigungsmöglichkeit für den Arbeitnehmer ab, enthält also eine zukunftsorientierte Aussage. Ebenso muss nach § 626 Abs. 1 BGB für die Kündigung aus wichtigem Grund die Fortsetzung des Arbeitsverhältnisses unzumutbar sein. Aus diesen Formulierungen lässt sich ableiten, dass ein „an sich geeigneter" Kündigungsgrund nur dann zur Auflösung des Vertragsverhältnisses führen darf, wenn er von solcher Qualität ist, dass auch die Weiterbeschäftigung bzw. Fortsetzung des Vertrages ausgeschlossen ist[52].

Dagegen wird für die verhaltensbedingte Kündigung teilweise vertreten, dass sie lediglich eine Sanktion auf vergangenes Fehlverhalten des Arbeitnehmers darstelle[53]. Im Einzelfall wird auch die personenbedingte Kündigung als bloße Reaktion des Arbeitgebers auf Gründe in der Person des Arbeitnehmers verstanden[54]. Gegen diese Differenzierung nach ein-

49 Hwang, Der maßgebliche Zeitpunkt für die Beurteilung der Wirksamkeit der Kündigung, S. 14; vgl. auch v. Sebut, NJW 1985, 289, (293); differenzierend in Erfüllungs- und Prognosetatbestände: Gentges, Prognoseprobleme, S. 95, 350; ähnlich Bötticher, in: FS Dölle I, S. 41, (70) Fn. 60

50 Herschel, in: FS G. Müller, 1981, 191, (202 f.); Preis, Prinzipien, S. 322

51 MünchHdb ArbR II/Berkowsky, § 134, Rn. 69; Boewer, NZA 1999, 1121, (1122)

52 Preis, Prinzipien, S. 332 f.

53 Rüthers, NJW 1998, 1433, (1435); Löwisch, BB 1998, 1793, (1795); Kraft, ZfA 1994, 463 (476); Gentges, S. 242, der aber auch auf den nur scheinbaren Gegensatz von Sanktions- und Prognosecharakter hinweist (S. 232)

54 Kraft, ZfA 1994, 463, (476)

zelnen Kündigungsgründen spricht bereits die oben erwähnte Textgestaltung des § 1 Abs. 2 S. 1 u. 2 KSchG sowie insbesondere des § 626 Abs. 1 BGB, der für alle Kündigungsgründe auf die Unzumutbarkeit der Fortsetzung des Arbeitsverhältnisses abstellt. Somit geht es auch bei der verhaltens- und personenbedingten Kündigung um die Frage, ob eine künftige Beschäftigung des Arbeitnehmers möglich ist. Anknüpfungspunkt für die Beurteilung dieser Frage ist bei einer verhaltensbedingten Kündigung aber in der Regel das zurückliegende Fehlverhalten des Arbeitnehmers im Hinblick darauf, ob die Besorgnis weiterer Vertragsverletzungen besteht oder ob das vergangenheitsbezogene vertragswidrige Verhalten der weiteren Zusammenarbeit die Vertrauensgrundlage entzogen hat[55]. Aus dem Erfordernis der zukunftsorientierten Betrachtung im Rahmen aller Kündigungsgründe folgt, dass der Kündigungssachverhalt nicht als ein in der Vergangenheit liegendes abgeschlossenes Ereignis betrachtet werden kann, sondern als Tatbestand, dem die Möglichkeit der Veränderung innewohnt. Daraus wiederum ergibt sich das Bedürfnis, Sachverhaltsänderungen, die nach Ausspruch der Kündigung eintreten, noch Rechnung zu tragen. Inwieweit und in welcher Form dies geschehen kann ist allerdings offen.

---

55 MünchHdb ArbR II/Berkowsky, § 134, Rn. 76

V. Prognoseprinzip und das Risiko von Fehlprognosen

Die überwiegende Meinung behilft sich im Vorfeld der Kündigung mit dem so genannten Prognoseprinzip[56], indem sie vom Arbeitgeber vor Ausspruch der Kündigung eine Prognose über die zukünftige Weiterentwicklung des Arbeitsverhältnisses verlangt, unabhängig davon, ob die Kündigung aus betriebs-, verhaltens- oder personenbedingten Gründen oder aus wichtigem Grund erfolgt[57]. Ziel der Prognose ist es festzustellen, ob die Weiterbeschäftigung bzw. Fortsetzung des Vertrages spätestens vom Ende der Kündigungsfrist an ausgeschlossen ist.[58] Als maßgebender Zeitpunkt für die Beurteilung der Richtigkeit der Prognose wird der Zeitpunkt für die Beurteilung des Vorliegens eines Kündigungsgrundes und damit nach überwiegender Meinung der Zugang der Kündigungserklärung angesehen[59]. Die Rechtswirksamkeit der Kündigung wird demnach durch das Arbeitsgericht im Wege einer ex-ante-Beurteilung überprüft[60]. Daraus ergibt sich aber das Problem, wie auf die Situation reagiert werden soll, dass sich die ursprünglich hinreichend abgesicherte und objektiv nachvollziehbare Prognose des Arbeitgebers aufgrund nachträglich eintretender Umstände als falsch erweist. Vielfach wird dann zur Prognosekorrektur auf den Wiedereinstellungsanspruch zurückgegriffen. Eine andere Möglichkeit bestünde darin, die nach Zugang der Kündigungserklärung eintretenden Veränderungen im Rahmen der Beurteilung der Rechtmäßigkeit der Kündigung zu berücksichtigen.

---

56 Grundlegend Preis, Prinzipien, S. 322 ff.; kritisch: Rüthers, NJW 1998, 1433, (1435 ff.); Adam, NZA 1998, 284, (286); Löwisch, BB 1998, 1793, (1795); Kraft, ZfA 1994, 463, (475 f.)

57 BAG v. 05.07.1990, AP Nr. 26 zu § 1 KSchG 1969 Krankheit; BAG v. 10.11.1988, AP Nr. 3 zu § 1 KSchG 1969 Abmahnung; ; BAG v. 27.02.1987, AP Nr. 41 zu § 1 KSchG 1969 Betriebsbedingte Kündigung; Boewer, NZA 1999, 1121, (1123); Bader/Bram, KSchG, § 1, Rn. 68 f.; MünchHdb ArbR II/Berkowsky, § 134, Rn. 78; KR-Fischermeier, § 626 BGB, Rn. 110, 146

58 Bader/Bram, § 1 KSchG, Rn. 68; Preis, Prinzipien, S. 332 f.

59 Preis, Prinzipien, S. 339

60 Preis, Prinzipien, S. 340

Das führt zu der Frage, welcher Zeitpunkt für die Beurteilung der Wirksamkeit einer Kündigung zugrunde zu legen ist.

VI. Die Verschiebung des Zeitpunkts für die Beurteilung der Wirksamkeit einer Kündigung als Lösungsansatz

1. Meinungsstand in Rechtsprechung und Literatur zum maßgeblichen Beurteilungszeitpunkt

a) Zugang der Kündigungserklärung

Das BAG und die ganz überwiegende Meinung im Schrifttum geht von dem Grundsatz aus, dass die Wirksamkeit einer Kündigung nur nach den objektiven Verhältnissen zum Zeitpunkt des Zugangs der Kündigungserklärung zu beurteilen ist[61]. Zur Begründung wird zum einen auf den Charakter der Kündigung als einseitige empfangsbedürftige Willenserklärung[62] sowie als bedingungsfeindliches und konsumtiv wirkendes Gestaltungsrecht verwiesen[63]. Maßgeblich wird aber darauf abgestellt, dass Rechtssicherheit und Rechtsklarheit im Hinblick auf den Ausgang des Kündigungsschutzprozesses und die damit verbundene gerechte Verteilung des Prozessrisikos bei einer Verlagerung des Beurteilungszeitpunkts nach hinten nicht mehr gewährleistet wären[64]. Zum Teil wird auch pro-

61 BAG v. 24.03.1983, AP Nr. 12 zu § 1 KSchG 1969 Betriebsbedingte Kündigung; BAG v. 19.05.1988, AP Nr. 75 zu § 613 a BGB; BAG v. 22.09.1994, EzA § 1 KSchG Personenbedingte Kündigung Nr. 11; BAG v. 27.02.1997, EzA § 1 KSchG Wiedereinstellungsanspruch Nr. 1; Kittner/Kittner KSchR, § 1 KSchG, Rn. 56; Bader/Bram, KSchG, § 1, Rn. 63; v.Hoyningen-Huene/Linck, KSchG, § 1, Rn. 156; APS/Kiel, § 1 KSchG, Rn. 786; Stahlhacke/Preis, Rn. 617; Löwisch, KSchG, § 1, Rn. 77; HK-Dorndorf, § 1 KSchG, Rn. 300; KR-Etzel, § 1 KSchG, Rn. 235; ErfK/Ascheid, § 1 KSchG, Rn. 176; Kaiser, ZfA 2000, 205, (217)

62 v. Hoyningen-Huene/Linck, § 1 KSchG, Rn. 156; KR-Etzel, § 1 KSchG, Rn. 729 ASP/Kiel, § 1 KSchG, Rn. 453; Bader/Bram, KSchG, § 1, Rn. 63; Boemke, Anm. zu BAG v. 27.02.1997, WiB 1997, 874; Kaiser, ZfA 2000, 205, (212); Raab, RdA 2000, 147, (151)

63 Boewer, NZA 1999, 1121, (1124); Preis, Prinzipien, S. 116, 344

64 BAG v. 15.08.1984, AP Nr. 16 zu § 1 KSchG 1969 Krankheit ;Preis, Prinzipien, S. 140 - 143; Boewer, NZA 1999, 1121, (1125); Honstetter, Die Prognoseentscheidung des Arbeitgebers im Kündigungsrecht, S. 127 ff.; KR-Etzel, § 1 KSchG, Rn. 729

zessual mit dem Streitgegenstand des Kündigungsschutzprozesses[65] oder dem Charakter der Kündigungsschutzklage als Feststellungsklage[66] argumentiert oder es wird das betriebsverfassungsrechtliche Verbot des Nachschiebens von Kündigungsgründen als verletzt angesehen[67].

Abweichend von diesem Grundsatz geht das BAG im Bereich der Verdachtskündigung entgegen der wohl überwiegenden Meinung im Schrifttum[68] davon aus, dass den Verdacht stärkende oder entkräftende Umstände bis zum Schluss der letzten mündlichen Verhandlung in der Tatsacheninstanz berücksichtigt werden müssen, sofern diese Tatsachen objektiv bereits im Zeitpunkt des Zugangs der Kündigungserklärung vorgelegen haben[69]. Das BAG begründet diese Ausnahme zum einen damit, dass der sich später als falsch herausstellende Verdacht objektiv gesehen von Anfang an unbegründet gewesen sei und, da das Gericht in der Tatsacheninstanz den objektiven Sachverhalt zu beurteilen habe, diese Tatsache berücksichtigt werden müsse[70]. Zudem wird auf die allgemein anerkannte Möglichkeit des Nachschiebens von Kündigungsgründen hingewiesen und die sich daraus ergebende Pflicht, auch später bekannt werdende Entlastungsumstände, sofern sie zum Kündigungszeitpunkt bereits vorlagen, bei der Beurteilung der Verdachtskündigung zu beachten[71].

Eine weitere Ausnahme vom Zugang der Kündigungserklärung als allein maßgeblichem Beurteilungszeitpunkt für die Wirksamkeit einer Kündigung hat der 2. Senat des BAG zeitweise für die krankheitsbedingte Kündigung gemacht[72]. Danach sollte die tatsächliche Entwicklung einer Krankheit bis zum Ende der letzten mündlichen Verhandlung in der

---

65 Honstetter, S. 133; Kaiser, ZfA 2000, 205, (214); Löwisch, KSchG, § 1, Rn. 76

66 Honstetter, S. 133; Nicolai/Noak, ZfA 2000, 87, (90); Löwisch, KSchG, § 1, Rn. 76

67 Kaiser, ZfA 2000, 205, (214); Nicolai/Noak, ZfA 2000, 87, (90)

68 HK-Dorndorf, § 1 KSchG, Rn. 849; v.Hoyningen-Huene/Linck, § 1 KSchG, Rn. 266; v. Stein, RdA 1991, 85, (86); Belling, RdA 1996, 223, (237); Walker, Anm. zu BAG v. 27.02.1997, SAE 1998, 103, (105)

69 BAG v. 04.06.1964, AP Nr. 13 zu § 626 BGB Verdacht strafbarer Handlung; BAG v. 24.04.1975, BAGE 27, 113, (123); BAG v. 20.02.1986, NZA 1988, 94, (95); BAG v. 14.09.1994, EzA § 626 BGB Verdacht strafbarer Handlung Nr. 5

70 BAG v. 04.06.1964, AP Nr. 13 zu § 626 BGB Verdacht strafbarer Handlung

71 BAG v. 04.06.1964, AP Nr. 13 zu § 626 BGB Verdacht strafbarer Handlung; BAG v. 14.09.1994, EzA § 626 BGB Verdacht strafbarer Handlung Nr. 5

72 BAG v. 10.11.1983, AP Nr. 11 zu § 1 KSchG 1969 Krankheit; BAG v. 18.10.1984, BB 1985, 661

Tatsacheninstanz Berücksichtigung finden können, da es sachlich unvertretbar und für die Parteien nicht einsehbar wäre, wenn sie aufgrund einer ärztlichen Prognose den Prozess verlören, die im Widerspruch zur tatsächlichen späteren gesundheitlichen Entwicklung des Arbeitnehmers stünde[73]. Gegen diese Ansicht hatte der 7. Senat des BAG Bedenken der Art geäußert, dass dann der Ausgang des Kündigungsschutzprozesses sowohl für den Arbeitgeber als auch für den Arbeitnehmer immer weniger vorhersehbar werde[74]. Vielmehr komme es stets auf die objektiven Verhältnisse im Zeitpunkt des Zugangs der Kündigungserklärung an[75]. Inzwischen hat der 2. Senat des BAG klar gestellt, dass auch er am Zugang der Kündigung als maßgeblichem Beurteilungszeitpunkt festhalte und später eintretende Umstände nicht mehr berücksichtigt werden könnten; dies gelte jedenfalls dann, wenn ein neuer Kausalverlauf nach dem Kündigungsfall in Gang gesetzt werde[76].

b) Ausspruch der Kündigung

Vereinzelt wird statt des Zugangs der Ausspruch der Kündigung als maßgeblicher Beurteilungszeitpunkt für deren Wirksamkeit angesehen[77]. Dies ergebe sich aus § 130 Abs. 2 BGB, wonach eine Willenserklärung ihre Wirksamkeit nicht verliere, wenn die zunächst vorhandene Geschäftsfähigkeit des Erklärenden vor Zugang der Erklärung entfällt[78]. Auch bei der Überprüfung der Vertretungsmacht werde auf die Abgabe der Willenserklärung, § 164 Abs. 1 BGB, und nicht auf den Zugang abgestellt[79]. Zudem könnten für die Willensbildung des Arbeitgebers nur

73 BAG v. 10.11.1983, AP Nr. 11 zu § 1 KSchG 1969 Krankheit

74 BAG v. 15.08.1984, AP Nr. 16 zu § 1 KSchG 1969 Krankheit

75 BAG v. 15.08.1984, AP Nr. 16 zu § 1 KSchG 1969 Krankheit

76 BAG v. 09.04.1987, AP Nr. 18 zu § 1 KSchG 1969 Krankheit; BAG v. 29.04.1999, NZA 1999, 978, (980 f.); BAG v. 17.06.1999, SAE 2000, 93, (96)

77 Herschel, Anm. zu ArbG Münster vom 07.04.1983, EzA § 1 KSchG Krankheit Nr. 11, S. 87; Coen, Anm. zu BAG v. 23.06.1983, ArbuR 1984, 319; Joost, Anm. zu BAG v. 15.02.1984, EzA Nr. 15 zu § 1 KSchG Krankheit; Schmidt, AR-Blattei [D] Kündigungsschutz IV, Nachprüfung betrieblicher Maßnahmen, B. V.

78 Herschel, Anm. zu ArbG Münster v. 07.04.1983, EzA § 1 KSchG Krankheit Nr. 11, S. 87; Coen, Anm. zu BAG v. 23.06.1983, ArbuR 1984, 319

79 Herschel, a. a. O.

diejenigen Umstände maßgeblich gewesen sein, die zum Zeitpunkt des Ausspruchs der Willenserklärung vorgelegen hätten[80].

c) Ablauf der Kündigungsfrist

Eine andere Ansicht stellt auf den Ablauf der Kündigungsfrist als Zeitpunkt für die Beurteilung der Wirksamkeit der Kündigung ab[81]. Teilweise wird diese Sichtweise auf die betriebsbedingte Kündigung beschränkt[82], da nur dort die Kündigung in objektiven, nicht vom Arbeitnehmer beeinflussbaren Tatsachen wurzele[83]. Nach anderer Auffassung sollen bis zum Ablauf der Kündigungsfrist nur diejenigen Umstände berücksichtigt werden, die sich zugunsten des Arbeitnehmers ändern, während der Arbeitgeber bei nachträglich entstandenen, die Kündigung rechtfertigenden Tatsachen erneut kündigen müsse[84]. Zudem sei die Berücksichtigung von Umständen nach Zugang der Kündigung nur dann möglich, wenn sich der Arbeitgeber nicht berechtigterweise auf die Wirksamkeit der Kündigung eingestellt habe und der Weiterbeschäftigung keine unzumutbaren Schwierigkeiten entgegenstünden[85]. Dogmatisch begründet wird die Ansicht, die den Ablauf der Kündigungsfrist als maßgeblichen Beurteilungszeitpunkt ansieht, damit, dass die Gestaltungswirkung der Kündigung erst mit dem Ende des Arbeitsverhältnisses eintritt[86]. Da die eigentliche Bedeutung der Kündigung aber gerade in der Beendigung des Arbeitsverhältnisses liege, sei auch auf diesen Zeitpunkt abzustellen[87].

---

80 Schmidt, AR-Blattei [D] Kündigungsschutz IV, Nachprüfung betrieblicher Maßnahmen, B. V.

81 LAG Mannheim v. 18.03.1986, DB 1987, 543 f. für die betriebsbedingte Kündigung; Hwang, S. 129; Henckel, ZGR 1984, 225, (237), Fn. 31; Gamillscheg, ArbR I, 1987, S. 463.; ders., AcP 164 (1964), 385, (393 f.);

82 Frey, AuR 1955, 140, (142) m.w.N.

83 Frey, AuR 1955, 140, (142)

84 Gamillscheg, ArbR I, 1987, S. 464

85 Gamillscheg, ArbR I, 1987, S. 463

86 Henckel, ZGR 1984, 225, (237) Fn. 31; Hwang, S. 87, 129

87 Hwang, S. 130

d) Letzte mündliche Tatsachenverhandlung

Schließlich wird vertreten, dass für die Wirksamkeit einer Kündigung alle Umstände bis zur letzten mündlichen Verhandlung in der Tatsacheninstanz Berücksichtigung finden könnten[88]. Zentrales Argument für diese Ansicht ist das hohe Risiko von Fehlprognosen, das sich ergibt, wenn man mit der überwiegenden Meinung auf den Zugang der Kündigungserklärung als maßgeblichen Beurteilungszeitpunkt für die Wirksamkeit der Kündigung abstellt[89]. Darüber hinaus wird mit dem Verhältnismäßigkeitsprinzip argumentiert[90].

2. Stellungnahme

Mit Blick auf die überwiegende Meinung in Rechtsprechung und Literatur fällt auf, dass sie abgesehen vom Sonderfall der Verdachtskündigung den Beurteilungszeitpunkt für die Wirksamkeit der Kündigung für alle Kündigungsgründe einheitlich festlegt. Dies erscheint zweifelhaft, da auf diese Weise rechtlich unterschiedliche Tatbestände gleichbehandelt werden[91]. Daher ist zunächst zu prüfen, ob sich anhand übergeordneter Kriterien eine allgemeine Aussage zum maßgeblichen Beurteilungszeitpunkt treffen lässt. Anschließend ist zu fragen, ob für bestimmte Kündigungsarten Besonderheiten gelten müssen.

a) Rechtsnatur der Kündigung

aa) Einseitige empfangsbedürftige Willenserklärung

Vielfach wird, wie oben gezeigt[92], zur Begründung des Zugangs als maßgeblichem Beurteilungszeitpunkt mit dem Charakter der Kündigung als empfangsbedürftige Willenserklärung argumentiert, die gem. § 130

88 Däubler, ArbR II, 1990, S. 500; für die krankheitsbedingte Kündigung auch Otto, Anm. zu BAG v. 25.11.1982, EzA § 1 KSchG Krankheit Nr. 10
89 Vgl. Otto, Anm. zu BAG v.25.11.1982, EzA § 1 KSchG Krankheit Nr. 10
90 Däubler, ArbR II, S. 499
91 Gentges, S. 94
92 Unter VI. 1. a), S. 10

Abs. 1 BGB mit Zugang wirksam werde. Diese Sichtweise verkennt, dass es vorliegend nicht um die Frage des Wirksamwerdens der Kündigung als Willenserklärung geht, was sich zweifellos nach § 130 Abs. 1 BGB richtet, sondern um ihre Rechtmäßigkeit, also ihre materiell-rechtliche Wirksamkeit. Diese hängt aber für die meisten Kündigungen vom Vorliegen eines der in § 1 Abs. 2 KSchG, § 626 BGB genannten Kündigungsgründe ab. Auf welchen Zeitpunkt für die Beurteilung des Vorliegens eines Kündigungsgrundes abzustellen ist, ergibt sich aber nicht unmittelbar aus dem Gesetz. An dieser Betrachtung ändert sich auch nichts, wenn man auf den Schutzzweck des § 130 Abs. 1 BGB abstellt, wonach bei einer empfangsbedürftigen Willenserklärung der Erklärungsempfänger ab Zugang auf die Wirksamkeit der Erklärung vertrauen können soll. Denn der Erklärungsempfänger vertraut nur auf die formale Wirksamkeit als Willenserklärung, nicht auf deren materiell-rechtliche Rechtswirksamkeit, was sich im Falle einer Kündigung durch den Arbeitgeber schon an der Erhebung einer Kündigungsschutzklage zeigt. Der Charakter der Kündigung als empfangsbedürftige Willenserklärung ist mithin nicht geeignet, Aufschluss über den maßgeblichen Beurteilungszeitpunkt für ihre (Rechts-) Wirksamkeit zu geben.

Gleiches gilt für die Ansicht, die § 130 Abs. 2 BGB und § 164 Abs. 1 BGB heranzieht, um die Maßgeblichkeit des Ausspruchs der Kündigung zu begründen. § 130 Abs. 2 BGB kann schon aufgrund seiner systematischen Stellung als Ausnahme vom Grundsatz des § 130 Abs. 1 BGB angesehen werden. Zur Aussagekraft des § 130 Abs. 1 BGB für die vorliegende Fragestellung wurde aber oben bereits Stellung genommen. Aus der ausdrücklichen Anordnung des Vorliegens der Vertretungsmacht bei Abgabe der Willenserklärung in § 164 Abs. 1 BGB könnte bereits auf den Ausnahmecharakter dieses Beurteilungszeitpunkts geschlossen werden. Davon abgesehen dient die Anordnung in § 164 Abs. 1 BGB aber vornehmlich dem Schutz des Vertretenen, indem der Vertreter bereits bei Abgabe der Willenserklärung zur Vertretung berechtigt sein muss. Der Zeitpunkt der Abgabe ist maßgeblich, da die Willenserklärung ab dem Moment rechtsgeschäftlich in der Welt ist und sich theoretisch zulasten des Vertretenen auswirken kann, unabhängig davon, ob die Vertretungsmacht nachträglich entfällt. Demgegenüber würde sich das Abstellen auf den Ausspruch der Kündigung als maßgeblichen Beurteilungszeitpunkt nicht unbedingt zugunsten des Arbeitnehmers auswirken, da es die Nichtberücksichtigung eines nachträglichen Wegfalls des Kündigungsgrundes zur Folge hätte. Ein Abstellen auf den Ausspruch der Kündigung würde nur Sinn machen, wenn die Beurteilung der Wirksamkeit der Kündigung subjektiv durch den Kenntnisstand des Arbeitgebers bestimmt würde[93]. Dies klingt auch in der Begründung dieser Auffassung an, für die Willensbildung des Arbeitgebers könnten nur die Umstände zum Zeitpunkt des Ausspruchs der Kündigung maßgebend gewesen sein[94]. Nach ganz herrschender Ansicht sind aber allein die objektiven Verhältnisse entscheidend[95]. Dem ist auch zu folgen, da sonst die Wirksamkeit des gesetzlichen Kündigungsschutzes praktisch ausgeschaltet würde[96]. Im Übrigen kommt der Differenzierung zwischen Ausspruch und Zugang der Kündigung für die vorliegende Frage der Berücksichtigung nachträglicher Veränderungen des Kündigungssachverhalts keine große Bedeutung zu, da zwischen beiden Zeitpunkten in der Regel nur eine kurze Zeitspanne liegt, die eine maßgebliche Veränderung der Umstände nicht erwarten lässt[97]. Der Charakter der Kündigung als einseitiges Rechtsgeschäft, das also ohne Mitwirkung eines anderen zustande kommt, leitet schon über zur Rechtsnatur der Kündigung als Gestaltungsrecht.

bb) Bedingungsfeindlichkeit und konsumtive Wirkung von Gestaltungsrechten

Das Wesensmerkmal des Gestaltungsrechts liegt darin, dass es durch einseitiges Rechtsgeschäft ohne Mitwirkung des Gestaltungsgegners ausgeübt wird, der Gestaltungsgegner mithin inhaltlich keinen Einfluss nehmen kann[98]. Von daher wird vielfach argumentiert, dass eine Berücksichtigung von Umständen nach Zugang der Kündigung, deren Charakter als Gestaltungsrecht zuwiderliefe, weil auf diese Weise dem Arbeitnehmer bei verhaltens- und teilweise auch bei personenbedingten Kündigungen die Möglichkeit eingeräumt würde, durch eine nachträgliche Korrektur seines Verhaltens faktisch Einfluss auf die Rechtmäßigkeit der Kündi-

93 Gentges, S. 98
94 s. o. Fn. 80
95 s. o. Fn. 61
96 Gentges, S. 98
97 Hwang, S. 83; Honstetter, S. 123
98 Preis, S. 115

gung zu nehmen[99]. Dagegen spricht, dass mit der Bejahung der Möglichkeit einer grundsätzlichen Berücksichtigung von Sachverhaltsänderungen nach Zugang der Kündigung noch nicht geklärt ist, welche Umstände im Einzelnen berücksichtigt werden dürfen. Sicherlich würde es der Rechtsnatur der Kündigung als Gestaltungsrecht widersprechen, wenn das nachträgliche Wohlverhalten eines verhaltensbedingt gekündigten Arbeitnehmers oder bei einem alkoholabhängigen Arbeitnehmer der nachträgliche Entschluss zu einer Entziehungskur Einfluss auf die Wirksamkeit der Kündigung hätten. Das bedeutet aber noch nicht, dass nicht spätere Sachverhaltsänderungen, die nicht auf einer Verhaltensänderung des Arbeitnehmers beruhen, Berücksichtigung finden könnten.

Als weiteres Argument dafür, die Wirksamkeit einer Kündigung allein von den objektiven Verhältnissen zum Zeitpunkt des Zugangs der Kündigungserklärung abhängig zu machen, wird auf die Bedingungsfeindlichkeit[100] und den konsumtiven Charakter[101] von Gestaltungsrechten hingewiesen. Der konsumtive Charakter des Gestaltungsrechts führt dazu, dass es durch ordnungsgemäße Ausübung zum Erlöschen kommt[102]. Daraus lässt sich aber noch nicht zwingend schlussfolgern, dass alle Wirksamkeitsvoraussetzungen im Zeitpunkt der Ausübung vorgelegen haben müssen, was konsequenterweise auch bedeuten würde, auf den Ausspruch der Kündigung als maßgeblichen Beurteilungszeitpunkt abzustellen[103]. Die Feststellung des konsumtiven Charakters besagt noch nichts über den Zeitpunkt, wann die Konsumtion eintritt. Die Konsumtion ist die Rechtsfolge, der Zeitpunkt für das Vorliegen ihrer Voraussetzungen ist damit noch nicht geklärt.

Maßgeblicher erscheint dagegen das Argument der Bedingungsfeindlichkeit von Gestaltungsrechten. Mit der Bedingungsfeindlichkeit der Kündigung als Gestaltungsrecht wäre es unvereinbar, ihre Wirksamkeit und damit den Eintritt der Gestaltungswirkung als Rechtsfolge von einem künftigen ungewissen Ereignis abhängig zu machen[104]. Der Grundsatz der Bedingungsfeindlichkeit ist eine Folge des Gebots der Rechtssicher-

---

99 Honstetter, S. 123; Preis, S. 345

100 Preis, S. 115, 344; Honstetter, S. 132; Belling, RdA 1996, 223 (237); Kaiser, ZfA 2000, 205, (211 ff.)

101 Preis, S. 116, 344; Boewer, NZA 1999, 1121, (1124)

102 Preis. S. 116

103 So auch Preis, S. 116

104 Preis. S. 115

heit[105]. Da Gestaltungsrechte in einen fremden Rechtskreis eingreifen, sei den Betroffenen in der Regel keine Ungewissheit und kein Schwebezustand zumutbar[106]. Daraus ergibt sich die Ausnahme für solche Bedingungen, die den Arbeitnehmer nicht belasten[107]. Es ist daher zunächst zu prüfen, ob die nachträgliche Berücksichtigung von Sachverhaltsänderungen im Rahmen der Beurteilung der Wirksamkeit der Kündigung für den Arbeitnehmer lediglich begünstigende Wirkung haben könnte.

Sofern nach Zugang der Kündigungserklärung sowohl für den Arbeitnehmer begünstigende als auch belastende Veränderungen des Kündigungssachverhalts Berücksichtigung finden sollen, erübrigt sich diese Fragestellung. Nimmt man aber mit Gamillscheg[108] an, dass nur Sachverhaltsänderungen zugunsten des Arbeitnehmers auf die Wirksamkeitsbeurteilung Einfluss nehmen sollen, so ließe sich überlegen, ob eine Kündigung unter der auflösenden Bedingung, des nachträglichen Wegfalls des Kündigungsgrundes nicht deswegen zulässig sein könnte, weil sie den Arbeitnehmer lediglich begünstige. Die einseitige Berücksichtigung von Umständen zugunsten des Arbeitnehmers erscheint auch nicht abwegig, da der Arbeitgeber insoweit nicht schutzbedürftig ist: Ergeben sich nach Ausspruch der Kündigung neue Tatsachen, die eine Kündigung rechtfertigen, kann der Arbeitgeber erneut kündigen.

Gegen die Annahme einer solchen auflösenden Bedingung wird aber angeführt, dass damit auch für den Arbeitnehmer nicht unbeträchtliche Risiken verbunden seien[109]. Habe er sich beispielsweise bereits um eine neue Arbeitsstelle bemüht, liefe er bei nachträglichem Wegfall des Kündigungsgrundes Gefahr, plötzlich in einem Doppelarbeitsverhältnis zu stehen[110]. Dagegen wird geltend gemacht, dem Arbeitnehmer stehe es frei, selbst zu kündigen und damit die Beendigung des Schwebezustandes herbeizuführen[111]. Dies Argument überzeugt insofern nicht, als der Arbeitnehmer an einer eigenen Kündigung regelmäßige solange kein Interesse haben wird, bis er einen neuen Arbeitsplatz gefunden hat, er aber ab dem Moment bezüglich des alten Arbeitsverhältnisses selbst an Kün-

---

105 MüKO/Schwerdtner, Vor § 620 BGB, Rn. 66

106 Staudinger/Bork, Vorbem zu §§ 158 ff., Rn. 38; Larenz/Wolf, AT, § 15, Rn. 100

107 Staudinger/Bork, Vorbem zu §§ 158 ff., Rn. 37

108 Gamillscheg, ArbR I, 1987, S. 464

109 Boewer, NZA 1999, 1121, (1125); Kaiser, ZfA 2000, 205, (212)

110 Kaiser, ZfA 2000, 205, (212)

111 Adam, DZWiR 1997, 522, (523)

digungsfristen gebunden ist, sodass sich das Risiko eines Doppelarbeitsverhältnisses kaum umgehen lässt. Auch für den Arbeitnehmer kann der Schwebezustand im Hinblick auf die Wirksamkeit des Arbeitsverhältnisses somit eine Belastung darstellen. Die Annahme einer zulässigen, weil den Arbeitnehmer lediglich begünstigenden Bedingung, führt hier also nicht weiter.

Außerdem ist zu beachten, dass die Abhängigkeit der Wirksamkeit der Kündigung von nach Zugang der Kündigungserklärung eintretenden Umständen keine durch den Gestaltenden gesetzte Bedingung darstellen würde, mithin der Arbeitgeber im Hinblick auf den Schwebezustand gleichermaßen betroffen wäre wie der Arbeitnehmer. Es stellt sich allerdings die Frage, ob dem Betroffenen der Schwebezustand bei der ordentlichen Kündigung nicht wenigstens bis zum Ablauf der Kündigungsfrist zumutbar sein könnte, da ein etwaiges Vertrauen auf die Nichtberücksichtigung nachträglicher Umstände bis zu diesem Zeitpunkt nicht schutzwürdig wäre. Dafür könnte sprechen, dass sich aus der Natur der ordentlichen Kündigung der Aufschub ihrer Gestaltungswirkung bis zum Ablauf der Kündigungsfrist ergibt[112]. Daraus könnte sich in Verbindung mit dem oben erörterten Grundsatz[113], dass Kündigungsgründe für die Zukunft, und zwar insbesondere die Zeit nach Ablauf der Kündigungsfrist, fortwirken müssen, ergeben, dass Sachverhaltsänderungen wenigstens noch bis zu diesem Zeitpunkt zu berücksichtigen seien. Zumal zum Zeitpunkt des Ablaufs der Kündigungsfrist auch eine verlässlichere Prognose hinsichtlich der zukünftigen Weiterbeschäftigungsmöglichkeiten des Arbeitnehmers möglich wäre als vor Ausspruch der Kündigung durch den Arbeitgeber. Dagegen wird aber angeführt, dass dadurch der Sinn der Kündigungsfrist gerade in sein Gegenteil verkehrt würde[114]. Der Zweck von Kündigungsfristen besteht darin, dem Vertragspartner die Vorbereitung auf die Beendigung des Dauerschuldverhältnisses zu ermöglichen[115]. Zwar steht diese Vorbereitung immer unter dem Vorbehalt der wirksamen Ausübung des Gestaltungsrechts. Hinge aber die Wirksamkeit der Ausübung des Gestaltungsrechts von ungewissen Ereignissen

---

112 Hwang, S. 87, 130

113 Unter V., S. 9

114 Kaiser, ZfA 2000, 205 (212); Belling, RdA 1996, 223, (237)

115 ErfK/Müller-Glöge, § 622 BGB, Rn. 1; Kramer, BB 1997, 731, (732); für das Mietrecht vgl. v. Sebut, NJW 1985, 289, (292)

bis zum Ablauf der Kündigungsfrist ab, so könnten sich die Arbeitsvertragsparteien, speziell der Arbeitnehmer, bis zu diesem Zeitpunkt auf gar nichts einstellen. Ein Schwebezustand wäre daher in der Tat mit dem Zweck von Kündigungsfristen nicht vereinbar und somit den Parteien auch nicht zumutbar. Folglich verstieße das Abstellen auf den Ablauf der Kündigungsfrist als Beurteilungszeitpunkt für die Wirksamkeit der Kündigung gegen den Grundsatz der Bedingungsfeindlichkeit von Gestaltungsrechten.

b) Rechtssicherheit

Die Bedingungsfeindlichkeit der Kündigung stellt, wie oben gezeigt, lediglich die dogmatische Konsequenz des Gebots der Rechtssicherheit dar. Dies führt zum zentralen Sachargument der herrschenden Meinung gegen eine Verschiebung des Beurteilungszeitpunkts für die Wirksamkeit der Kündigung nach hinten:

Könne sich der Erklärende nicht darauf verlassen, dass die objektive Rechtslage im Zeitpunkt der Erklärung entscheidend für deren Rechtmäßigkeit sei, würde die Ausübung des Gestaltungsrechts zum unkalkulierbaren Lotteriespiel[116]. Gleiches gelte für die Erhebung der Kündigungsschutzklage im Hinblick auf den Ausgang des Kündigungsschutzprozesses[117]. Die ohnehin schwierige Abschätzung des Prozessrisikos würde für beide Seiten noch ungewisser[118]. Außerdem wäre eine gerechte Verteilung des Prozessrisikos nicht mehr gewährleistet[119]. Es sei nicht einzusehen, weshalb eine ursprünglich begründete Kündigungsschutzklage abgewiesen werden sollte, nur weil nachträglich ein zureichender Kündigungsgrund entstanden sei[120]. Umgekehrt dürfe der Arbeitgeber im Kündigungsschutzprozess nicht allein deshalb unterliegen, weil sich seine ursprünglich hinreichend abgesicherte Prognose aufgrund später eintretender Umstände als falsch erweise[121]. Damit würde letztlich den Prozess-

116 Preis, S. 344, 355; Hwang, S. 95
117 Preis, S. 340
118 Preis, S. 340; Honstetter, S. 127
119 Preis, S. 342
120 Preis,. S. 342
121 Preis, S. 343

parteien das Risiko aufgebürdet, dass sich die Prognosegrundlage im Nachhinein ändert[122].

Dem ließe sich entgegenhalten, dass der Richter nicht gezwungen werden dürfe, sehenden Auges eine im tatsächlichen Sinne falsche Entscheidung zu treffen[123]. Würde man aus diesem Grund mit einer o. g. Ansicht[124] für die Wirksamkeitsbeurteilung auf den Schluss der letzten mündlichen Verhandlung in der Tatsacheninstanz abstellen, hinge der Prozessausgang letztlich von der Zufälligkeit der Verfahrensdauer ab[125]. Dies könnte auch eine absichtliche Prozessverschleppung begünstigen[126] und zu einer Kündigung[127] bzw. Klageerhebung[128] „ins Blaue hinein" verleiten oder umgekehrt den Arbeitnehmer aufgrund des unkalkulierbaren Risikos des Prozessausgangs noch eher als bisher von einer Klageerhebung abhalten[129].

Insofern spricht der aus dem Rechtsstaatsprinzip abgeleitete und daher mit Verfassungsrang ausgestattete Grundsatz der Rechtssicherheit[130] gegen eine Verlagerung des Beurteilungszeitpunkts, etwa auf den Schluss der letzten mündlichen Verhandlung in der Tatsacheninstanz oder, wie die obige Argumentation zum Prozessrisiko und zur Bedingungsfeindlichkeit von Gestaltungsrechten gezeigt hat, auf den Zeitpunkt des Ablaufs der Kündigungsfrist.

Gleichwohl kann die unterlassene Einbeziehung nachfolgender Umstände zu unbefriedigenden Ergebnissen führen, insbesondere da schon zum Zeitpunkt der Kündigung feststeht, dass der geltend gemachte Sachverhalt nicht abgeschlossen, sondern für die weitere Entwicklung offen ist[131]. Die herrschende Meinung behilft sich dabei mit dem Wiedereinstellungsanspruch und muss sich die Frage gefallen lassen, inwieweit dadurch mehr Rechtssicherheit geschaffen wird[132]. So könnte man anneh-

---

122 Honstetter, S. 128
123 Vgl. Honstetter, S. 124
124 Unter VI. 1. d), S. 14
125 Honstetter, S. 127
126 Vgl. für das Mietrecht v. Sebut, NJW 1985, 289 (291 f.)
127 Preis, S. 342; Honstetter, S. 128
128 Hwang, S. 95
129 Honstetter, S. 131; Preis, S. 341
130 Belling, RdA 1996, 223, (237)
131 Vgl. obige Ausführungen unter IV. S. 7
132 Adam, ZTR 1999, 113

men, dass durch die Nichteinbeziehung nachfolgender Umstände in die Beurteilung der Kündigung nur ein formaler Gewinn an Rechtssicherheit im Hinblick auf die Wirksamkeit der Kündigung geschaffen wird, während Rechtssicherheit bezüglich der endgültigen Beendigung des Arbeitsverhältnisses durch den Wiedereinstellungsanspruch gerade wieder unterlaufen wird. Der qualitative Unterschied zwischen dem von der überwiegenden Meinung in bestimmten Fällen gewährten Wiedereinstellungsanspruch und der Berücksichtigung nachträglicher Sachverhaltsänderungen im Rahmen der Wirksamkeitsbeurteilung der Kündigung, liegt aber darin, dass es im letzteren Fall zu einer automatischen Fortsetzung des Arbeitsvertrages unabhängig vom Parteiwillen kommt. Unter diesen Umständen bestünde keine Möglichkeit, gegenteilige zwischenzeitliche Dispositionen beider Seiten zu berücksichtigen, wie dies beim Wiedereinstellungsanspruch angenommen wird, den der Arbeitnehmer nicht geltend machen muss und den der Arbeitgeber nur im Rahmen der Zumutbarkeit zu erfüllen braucht. Auch bliebe bei der Lösung im Rahmen der Beurteilung der Wirksamkeit der Kündigung die oben bereits genannte im Unterschied zum Normalmaß erheblich erhöhte Ungewissheit im Hinblick auf den Prozessausgang und das damit verbundene Kostenrisiko. Zudem wäre bei einer Verschiebung des Beurteilungszeitpunkts für die Kündigung der Arbeitgeber unter Umständen Verzugslohnforderungen ausgesetzt. Im Ergebnis ist daher die Lösung über den Wiedereinstellungsanspruch interessengerechter und die Nichtberücksichtigung nachfolgender Umstände im Rahmen der Wirksamkeitsbeurteilung der Kündigung bedeutet nicht nur einen formalen Gewinn an Rechtssicherheit.

c) Streitgegenstand und Feststellungsklage

Gegen die Berücksichtigung von nach Zugang der Kündigungserklärung eintretenden Umständen bei der Beurteilung der Wirksamkeit der Kündigung soll nach Ansicht mancher Autoren auch die von der überwiegenden Meinung vertretene punktuelle Streitgegenstandstheorie[133] sprechen, die sich am Wortlaut des § 4 Satz 1 KSchG orientiert. Danach ist Streitgegenstand des Kündigungsschutzprozesses die Frage, ob das Arbeits-

133 ASP/Ascheid, § 4 KSchG, Rn. 136; v. Hoyningen-Huene/Linck, § 4 KSchG, Rn. 69 ff.; KR-Friedrich, § 4 KSchG, Rn. 225 m. w. N.

verhältnis aus Anlass einer ganz bestimmten Kündigung aufgelöst wurde und nicht, wie die Mindermeinung[134] vertritt, der Bestand des Arbeitsverhältnisses zur Zeit der letzten mündlichen Verhandlung. Stellte man für die Wirksamkeit der Kündigung auf den Ablauf der Kündigungsfrist oder die letzte mündliche Verhandlung in der Tatsacheninstanz ab, dann, so wird argumentiert, würde faktisch das Bestehen des Arbeitsverhältnisses zu diesem Zeitpunkt überprüft[135]. Dies erscheint allerdings nicht zwingend. Ist Streitgegenstand des Kündigungsschutzprozesses die Wirksamkeit einer bestimmten in der Vergangenheit liegenden Kündigungserklärung, dann ist damit noch nicht geklärt, ob das Gericht Umstände, die nach der Kündigungserklärung liegen, bei seiner Entscheidung zu berücksichtigen hat[136]. Es ist in diesem Zusammenhang wichtig, zwischen dem Streitgegenstand einerseits und der Frage, welche Tatsachen für eine bestimmte Rechtsfolge entscheidungserheblich sind andererseits, zu trennen[137].

Ähnliches gilt für die Argumentation mit dem Charakter der Kündigungsschutzklage als Feststellungsklage. Ist die Kündigungsschutzklage nach heute allgemeiner Meinung als Feststellungsklage anzusehen[138], dann muss maßgeblicher Beurteilungszeitpunkt derjenige der Wirksamkeit der streitgegenständlichen Kündigung sein[139]. Dieser Beurteilungszeitpunkt ist aber gerade ungeklärt. Der Streitgegenstand des Kündigungsschutzprozesses und die Klageart vermögen also keinen Aufschluss über die Frage nach dem Beurteilungszeitpunkt für die Wirksamkeit einer Kündigung zu geben.

d) Verstoß gegen das betriebsverfassungsrechtliche Verbot des Nachschiebens von Kündigungsgründen

Teilweise wird angenommen, die Berücksichtigung von nach Zugang der Kündigungserklärung eintretenden Umständen, verstieße gegen das be-

134 Vgl. Nachweise bei KR-Friedrich, § 4 KSchG, Rn. 226

135 Kaiser, ZfA 2000, 205 (214)

136 Gentges, S. 53

137 Gentges, S. 55

138 KR-Friedrich, § 4 KSchG, Rn. 17; ASP/Ascheid, § 4 KSchG, Rn. 18; v. Hoyningen-Huene/Linck, § 4 KSchG, Rn. 4 m. w. N.

139 Honstetter, S. 134

triebsverfassungsrechtliche Verbot des Nachschiebens von Kündigungsgründen im Kündigungsschutzprozess[140]. Denn es sei allgemein anerkannt, dass der Arbeitgeber Kündigungsgründe, die erst nach Zugang der Kündigung entstehen, im Kündigungsschutzprozess nicht nachschieben könne[141]. Dieser Grundsatz folgt aber gerade daraus, dass nach ganz überwiegender Auffassung die Kündigungsgründe objektiv zum Zeitpunkt des Zugangs der Kündigungserklärung vorgelegen haben müssen[142], sodass nach Zugang entstehende Umstände nur eine neue Kündigung mit vorheriger Betriebsratsanhörung rechtfertigen können. Die Argumentation mit dem Verstoß gegen das Anhörungserfordernis des § 102 Abs. 1 BetrVG erweist sich also als Zirkelschluss.

e) Konzeption des Kündigungsschutzgesetzes

Nach den bisherigen Erörterungen sprechen lediglich Rechtssicherheitserwägungen und der daraus folgende Grundsatz der Bedingungsfeindlichkeit von Gestaltungsrechten gegen eine Berücksichtigung von Sachverhaltsänderungen nach Zugang der Kündigungserklärung im Rahmen der Wirksamkeitsbeurteilung der Kündigung. Insofern wäre dem BAG[143] darin beizupflichten, „... dass die Rechtsprechung allein aus Gründen der Rechtssicherheit, Verlässlichkeit und Klarheit bei der Prüfung des Kündigungsgrunde auf den Zeitpunkt des Kündigungsausspruchs[144] abstellt ...". Fraglich ist, ob sich nicht bereits aus der Konzeption des Kündigungsschutzgesetzes Anhaltspunkte dafür ergeben, auf welchen Zeitpunkt bei der Beurteilung der Wirksamkeit einer Kündigung abzustellen ist.

---

140 Kaiser, ZfA 2000, 205, (214 ff.) Nicolai/Noak, ZfA 2000, 87, (90)

141 Kaiser, ZfA 2000, 205, (215); Nicolai/Noak, ZfA 2000, 87, (90)

142 Preis, S. 116

143 BAG v. 27.02.1997, AP Nr. 1 zu § 1 KSchG 1969 Wiedereinstellungsanspruch

144 Gemeint ist anscheinend der Zeitpunkt des Kündigungszugangs, wie sich aus anderer Stelle desselben Urteils ergibt, wo es ausdrücklich heißt: „Das BAG geht in ständiger Rechtsprechung davon aus, dass die Wirksamkeit einer Kündigung nur nach den objektiven Verhältnissen zum Zeitpunkt des Kündigungszugangs beurteilt werden kann." Auf die insoweit zum Teil unpräzise Ausdrucksweise hat bereits Hwang, S. 49 f., hingewiesen.

aa) Entstehungsgeschichte

Die Entstehungsgeschichte des KSchG lässt im Hinblick auf diese Frage keine Rückschlüsse zu.[145] Der konzeptionelle Unterschied des KSchG gegenüber den Vorläuferbestimmungen des Betriebsrätegesetzes von 1920 und dem Gesetz zur Ordnung der nationalen Arbeit (AOG) besteht darin, dass nach dem KSchG die sozial ungerechtfertigte Kündigung von vornherein unwirksam ist. Damit ist aber noch nicht geklärt, welcher Zeitpunkt für die Feststellung der Sozialwidrigkeit zugrunde zu legen ist. Die schon zuvor umstrittene Frage nach dem maßgeblichen Beurteilungszeitpunkt[146] wurde auch durch das KSchG nicht eindeutig geklärt.[147]

bb) Klagefrist des § 4 S. 1 KSchG

Nach teilweiser Ansicht steht der Verlagerung des Beurteilungszeitpunkts auf den Ablauf der Kündigungsfrist oder danach die Regelung des § 4 S. 1 KSchG entgegen,[148] wonach die Frist für die Erhebung der Kündigungsschutzklage drei Wochen ab Zugang der Kündigungserklärung beträgt. Könne sofort nach Zugang Klage erhoben werden, dann müsse die Wirksamkeit der Kündigung auch schon zu diesem Zeitpunkt festgestellt werden können.[149] In der Tat erscheint es zunächst wenig sinnvoll, wenn der Arbeitnehmer die Rechtsunwirksamkeit der Kündigung zu einem Zeitpunkt geltend machen müsste, wo der zu beurteilende Sachverhalt noch gar nicht endgültig feststeht. Andererseits liegt der Sinn der Regelungen der §§ 4, 7 KSchG darin, im Interesse beider Parteien möglichst bald Klarheit über den Weiterbestand des Arbeitsverhältnisses zu

145 Hwang, S. 47 f.

146 Siehe dazu Hwang, S. 30 ff.; Göller, Die Entwicklung des Kündigungsschutzrechts in Deutschland, S. 77

147 Ebenso Hwang, S. 47 f.; anders Göller, S. 99, die wegen des Charakters der Kündigungsschutzklage als Feststellungsklage von einer stillschweigenden Entscheidung der Streitfrage ausgeht.

148 Raab, RdA 2000, 147, (152); Adam, ZTR 1999, 113; ders., DZWiR 1997, 522

149 Raab, RdA 2000, 147, (152)

schaffen.[150] Vor diesem Hintergrund ist es nicht ausgeschlossen, dass dem Arbeitnehmer das Risiko späterer Sachverhaltsänderungen bei Erhebung der Kündigungsschutzklage zugemutet werden sollte, zumal sich die späterer Entwicklung auch zu seinen Gunsten auswirken kann.

Die Regelung der Klagefrist steht einer Verlagerung des Beurteilungszeitpunkts auf den Ablauf der Kündigungsfrist damit weder entgegen, noch gibt sie Aufschluss über den maßgeblichen Beurteilungszeitpunkt.

cc) § 1 III KSchG

Nach einer Auffassung soll § 1 III KSchG gegen die Festlegung des Beurteilungszeitpunkts auf den Ablauf der Kündigungsfrist oder den Schluss der letzten mündlichen Verhandlung in der Tatsacheninstanz sprechen.[151] Zur Begründung wird darauf abgestellt, dass bei einer Beurteilung der Wirksamkeit der Kündigung zu einem dieser beiden Zeitpunkte entgegen dem Wortlaut des § 1 III KSchG nicht mehr der Arbeitgeber, sondern das Gericht die Sozialauswahl treffen würde.[152]

Eine solche Argumentation setzt voraus, dass bei einer Verlagerung des Beurteilungszeitpunkts für die Wirksamkeit der Kündigung auf den Ablauf der Kündigungsfrist oder danach auch die Veränderungen der Sozialdaten bis zu diesem Zeitpunkt berücksichtigt werden müssten. Die einheitliche Festlegung des maßgebenden Zeitpunkts für die Sozialauswahl einerseits und für die Beurteilung der Sozialwidrigkeit der Kündigung im Übrigen erscheint aber keineswegs zwingend und ist auch dem Gesetz nicht zu entnehmen.[153]

§ 1 III KSchG lässt somit auch keinen Rückschluss auf den maßgeblichen Beurteilungszeitpunkt für die Wirksamkeit einer Kündigung zu.

Im Ergebnis liefert also die Konzeption des KSchG keine Anhaltspunkte dafür, welcher Zeitpunkt für die Beurteilung der Sozialwidrigkeit einer Kündigung zu wählen ist.

---

150 BAG v. 25.04.1996, AP Nr. 35 zu § 4 KSchG 1969, unter II. 3.; KR-Friedrich, § 4 KSchG, Rn. 10; HK-KSchG/Hauck, § 4, Rn. 2; v. Hoyningen-Huene/Linck, § 4 KSchG, Rn. 2

151 Kaiser, ZfA 2000, 205, (216)

152 Kaiser, ZfA 2000, 205, (216)

153 Vgl. Hwang, S. 26 ff., der beispielweise unterschiedliche Zeitpunkte befürwortet (siehe S. 29 einerseits und S. 129 anderseits)

Damit sprechen allein Rechtssicherheitserwägungen dafür, auf den Zugang der Kündigungserklärung abzustellen.

Ist nach generellen Kriterien somit der Zugang als maßgeblicher Beurteilungszeitpunkt anzusehen, bleibt noch die eingangs gestellte Frage ungeklärt, ob die Besonderheiten einzelner Kündigungsgründe eine abweichende Festlegung erfordern. Dies wäre der Fall, wenn geeignete Differenzierungskriterien bestünden.

f) *Differenzierung nach Risikogesichtspunkten*

Vor dem Hintergrund, dass die Kündigungsgründe unterschiedlichen Risikosphären zugeordnet werden[154] kommt als Differenzierungskriterium eine Risikoverteilung in Betracht.[155] So wird beispielweise vertreten, dass bei der betriebsbedingten Kündigung als Beurteilungszeitpunkt auf den Ablauf der Kündigungsfrist abzustellen sei und im Übrigen auf den Zugang der Kündigungserklärung.[156] Zur Begründung wird angeführt, dass die betriebsbedingte Kündigung in objektiven nicht vom Arbeitnehmer beeinflussbaren Tatsachen wurzele.[157] Diese Ansicht basiert offenbar auf der Annahme, dass die betriebsbedingten Kündigungsgründe aus der Risikosphäre des Arbeitgebers stammen, weshalb dieser auch des Risiko späterer Tatsachenänderungen tragen müsse mit der Folge, dass für betriebsbedingte Kündigungen ein späterer Beurteilungszeitpunkt zu wählen sei. Auch Aussagen zum Beurteilungszeitpunkt bei der Verdachtskündigung und der krankheitsbedingten Kündigung werden teilweise auf Risikoerwägungen gestützt,[158] allerdings mit unterschiedlichen Konsequenzen. Während im Bereich der krankheitsbedingten Kündigung eine Auffassung auf den Zugang der Kündigungserklärung als Beurtei-

---

154 Siehe dazu Preis, Anm. zu LAG Köln v. 10.01.1989, EzA § 611 BGB Einstellungsanspruch Nr. 1

155 Gentges, S. 95

156 Frey, AuR 1955, 140, (142)

157 Frey, AuR 1955, 140, (142)

158 Schreiber, Anm. zu BAG v. 15.08.1984, SAE 1986, 74 f.; Sieg, Anm. zu BAG v. 23.06.1983, SAE 1984, 26; Ricken, Anm. zu BAG v. 18.11.1999, RdA 2001, 52, (54); Enderlein, RdA 2000, 325, (330); Kittner, Anm. zu BAG v. 06.09.1989, EzA § 1 KSchG Krankheit Nr. 27; Walker, Anm. zu BAG v. 27.02.1997, SAE 1998, 103, (105)

lungszeitpunkt für die Wirksamkeit abstellen will mit der Begründung, dass der Arbeitnehmer das Risiko einer falschen Gesundheitsprognose tragen müsse, weil es in seiner Person liegende Umstände seien, die die Kündigung veranlasst hätten,[159] befürwortet die Gegenauffassung eine umgekehrte Risikoverteilung und möchte daraus auf die letzte mündliche Verhandlung in der Tatsacheninstanz als entscheidungserheblichen Beurteilungszeitpunkt schließen.[160] Auch für die Verdachtskündigung wird sowohl eine Risikoverteilung zu Lasten[161] als auch zugunsten des Arbeitgebers[162] angenommen.

Die bestehenden Meinungsunterschiede bezüglich einer gerechten Risikoverteilung deuten bereits auf die Schwierigkeit einer eindeutigen Zuordnung von Risiken hin. Eine Stellungsnahme zur Risikoverteilung könnte an dieser Stelle unterbleiben, falls die Verteilung des Prognoserisikos kein taugliches Kriterium für die Festlegung des Beurteilungszeitpunkts der Sozialwidrigkeit der Kündigung darstellt.

Dazu ist zunächst zu untersuchen, ob bzw. inwieweit sich eine Verbindung zwischen der Ebene der Risikosphäre des Kündigungsgrundes, der Ebene des Prognoserisikos und der des Zeitpunkts für die Beurteilung der Wirksamkeit der Kündigung herstellen lässt.

Der Zusammenhang zwischen der Risikosphäre des Kündigungsgrundes und der Frage, wer das Risiko einer Fehlprognose zu tragen hat, beruht auf folgender Überlegung:

Die Kündigung basiert auf einer Ausgangsprognose des Arbeitgebers. Die Ausgangsprognose kann nur durch solche Tatsachen widerlegt werden, die den ursprünglich die Prognose begründenden Tatsachen inhaltlich gleichartig sind und damit aus einer identischen Risikosphäre stammen. Derjenige, aus dessen Rechtssphäre die maßgeblichen Umstände für die Ausgangsprognose herrühren, muß daher auch das Risiko einer Fehlprognose tragen.[163] Eine Verbindung zwischen der Risikosphäre des Kündigungsgrundes und der Tragung des Prognoserisikos besteht demnach.

159 Schreiber, Anm. zu BAG v. 15.08.1984, SAE 1986, 74

160 Kittner, Anm. zu BAG v. 06.09.1989, EzA § 1 KSchG Krankheit Nr. 27; Otto, Anm. zu BAG v. 25.11.1982, EzA § 1 KSchG Krankheit Nr. 10

161 Enderlein, RdA 2000, 325, (330)

162 Ricken, Anm. zu BAG v. 18.11.1999, RdA 2001, 52, (54)

163 Preis, Prinzipien, S. 351

Fraglich ist allerdings, ob sich auch ein sinnvoller Zusammenhang zwischen der Verteilung des Prognoserisikos und dem Beurteilungszeitpunkt für die Wirksamkeit der Kündigung herstellen lässt.

Dies wäre zu bejahen, wenn sich ein späterer Beurteilungszeitpunkt als der des Zugangs der Kündigungserklärung tatsächlich nur zu Lasten einer Partei auswirken würde, nämlich derjenigen, die das Prognoserisiko im konkreten Fall tragen soll. Wie oben gezeigt, würde die Verlagerung des Beurteilungszeitpunkts aber zu einer sowohl für den Arbeitgeber als auch für den Arbeitnehmer beeinträchtigenden Rechtsunsicherheit führen. Die mit einem verschobenen Beurteilungszeitpunkt verbundenen Belastungen treffen somit nicht nur eine Partei, weshalb die Verteilung des Prognoserisikos sinnvollerweise keine Auswirkungen auf den jeweiligen Beurteilungszeitpunkt haben sollte.

Das Kriterium der Risikoverteilung ist daher nicht geeignet, eine differenzierte Festlegung des Beurteilungszeitpunkts für die Wirksamkeit der Kündigung zu begründen.

g) Erfüllungs- und Prognosetatbestände

Es wurde der Vorschlag gemacht, zwischen Erfüllungs- und Prognosetatbeständen zu unterscheiden.[164] Ein Prognosetatbestand liegt nach dieser Ansicht vor, wenn der Kündigungsgrund einen Sachverhalt bildet, dem die Möglichkeit der Veränderung seines Zustandes innewohnt, während bei Erfüllungstatbeständen der kündigungsrelevante Sachverhalt ein zum Zeitpunkt des Zugangs der Kündigungserklärung abgeschlossenes Ereignis darstellen soll.[165] Zweifelhaft ist bereits, welche Konsequenzen für den Beurteilungszeitpunkt der Wirksamkeit der Kündigung aus einer solchen Einteilung der Kündigungsgründe gezogen werden sollten. Es ließe sich zum einen annehmen, dass im Falle eines Erfüllungstatbestandes, wo die Möglichkeit späterer Tatsachenveränderungen nicht besteht, sich auch eine Verschiebung des Beurteilungszeitpunkts auf einen späteren Zeitpunkt als den Zugang der Kündigungserklärung erübrigt, während

164 Gentges, S. 96 ff., der den Einfluss einer solchen Differenzierung auf den Beurteilungszeitpunkt für die Wirksamkeit einer Kündigung aber letztlich auch ablehnt (S. 350)

165 Gentges, S. 96 f.

bei Prognosetatbeständen eine solche Verschiebung zur Ermöglichung nachträglicher Sachverhaltsänderungen zu überlegen wäre.[166] Demgegenüber könnte man umgekehrt argumentieren, dass bei Prognosetatbeständen, deren Zustände sich jederzeit ändern können, eine Berücksichtigung solcher Veränderungen auf Unsicherheit und Willkür hinausliefe, während bei in der Vergangenheit abgeschlossenen Vorgängen noch bis zum Zeitpunkt der letzten mündlichen Verhandlung in der Tatsacheninstanz Ereignisse berücksichtigt werden müssten, die geeignet seien, jenen Vorgang aufzuklären oder in einem anderen Licht erscheinen zu lassen.[167]

Unabhängig davon setzt eine solche Differenzierung die hier nicht geteilte Ansicht voraus, dass es Kündigungssachverhalte gibt, die rein vergangenheitsbezogen zu beurteilen sind.

Da weitere Differenzierungskriterien nicht ersichtlich sind, erscheint eine Abweichung vom Grundsatz des Zugangs der Kündigungserklärung als maßgeblichem Beurteilungszeitpunkt zunächst nicht geboten.

h) Verdachtskündigung

Dennoch könnten Besonderheiten für das nach ständiger Rechtsprechung des BAG anerkannte[168] und von der herrschenden Literatur gebilligte[169] Rechtsinstitut der Verdachtskündigung gelten. Die Verdachtskündigung unterscheidet sich von allen anderen Kündigungsgründen dadurch, dass die Kündigung nicht auf einen objektiv feststellbaren Sachverhalt gestützt wird, sondern auf den bloßen Verdacht einer strafbaren Handlung oder schuldhaften Pflichtverletzung, also auf eine subjektive Tatsache,

---

166 So Gentges, S. 96 ff.

167 Nikisch, Anm. zu BAG v. 04.06.1964, SAE 1965, 71, (72)

168 BAG v. 04.06.1964, 03.04.1986, AP Nr. 13, 18 zu § 626 BGB Verdacht strafbarer Handlung; BAG v. 26.03.1992, 14.09.1994, 13.09.1995, EzA § 626 BGB Verdacht strafbarer Handlung Nr. 4, 5, 6

169 Bader/Bram, KSchG, § 626 BGB, Rn. 51; Busch, MDR 1995, 217, (223); HK-Dorndorf, § 1 KSchG, Rn. 844; v.Hoyningen-Huene/Linck, § 1, Rn. 260; KR-Fischermeier, § 626 BGB, Rn. 227; Stahlhacke/Preis, Kündigung und Kündigungsschutz, Rn. 578; Lücke, BB 1997, 1842, (1844 ff.); Weber, SAE 1996, 57 ff.; Belling, in: FS für Kissel, 1994, 11, (12 ff.); zur Gegenauffassung: Dörner, NZA 1992, 865 ff.; Schütte, NZA 1991 Beil. 2, 17, (21 f.)

die lediglich durch objektive Umstände belegt werden muss.[170] Das BAG geht, wie bereits erwähnt,[171] davon aus, dass den Verdacht stärkende oder entkräftende Umstände bis zum Schluss der letzten mündlichen Verhandlung in der Tatsacheninstanz zu berücksichtigen seien, sofern diese Tatsachen objektiv zum Zeitpunkt des Zugangs der Kündigungserklärung schon vorgelegen hätten.[172]

Dem widerspricht der wohl überwiegende Teil der Literatur.[173] Zur Begründung wird darauf abgestellt, dass der Verdacht im Gegensatz zu den übrigen Kündigungsgründen notwendig subjektiv geprägt sei und deshalb auch an seine Bewertung ein subjektiver Maßstab angelegt werden müsse, bei dem es allein auf diejenigen Tatsachen ankomme, die dem Arbeitgeber im Zeitpunkt der Kündigung bekannt waren.[174] Da die dem Arbeitgeber bei der Verdachtskündigung auferlegte Ermittlungspflicht dazu diene, eine nachprüfbare Grundlage für den Verdacht zu schaffen, könne Grundlage für die Überprüfung der Rechtmäßigkeit der Kündigung nur der auf diese Weise sorgfältig ermittelte Sachstand des Arbeitgebers sein.[175] Die Rechtsprechung des BAG sei insofern inkonsequent[176] und berücksichtige die Besonderheit des subjektiven Kündigungsgrundes zu wenig.[177] Im Ergebnis würde durch diese Rechtsprechung die Verdachtskündigung im Nachhinein in eine Tatkündigung um-

170 Belling, Anm. zu BAG v. 14.09.1994, AP Nr. 24 zu § 626 BGB Verdacht strafbarer Handlung

171 Unter VI. 1. a), S. 11

172 BAG v. 14.09.1994, EzA § 626 BGB Verdacht strafbarer Handlung Nr. 5

173 Stahlhacke/Preis, Kündigung und Kündigungsschutz, Rn. 582; v. Hoyningen-Huene/Linck, § 1 KSchG, Rn. 266; Weber, Anm. zu BAG v. 14.09.1994, SAE 1996, 57, (61); Lücke, BB 1998, 2259, (2262 f.); MünchHdb. ArbR I/Buchner, § 40, Rn. 110; Walker, Anm. zu BAG v. 12.08.1999, EzA § 626 BGB Verdacht strafbarer Handlung Nr. 8; ders., Anm. zu BAG v. 27.02.1997, SAE 1998, 103, (105); Belling, Anm. zu BAG v. 14.09.1994, AP Nr. 24 zu § 626 BGB Verdacht strafbarer Handlung; Ricken, Anm. zu BAG v. 18.11.1999, RdA 2001, 52, (54); Berkowsky, Die personen- und verhaltensbedingte Kündigung, § 26, Rn. 23

174 Walker, Anm. zu BAG v. 27.02.1997, SAE 1998, 103, (105); Weber, Anm. zu BAG v. 14.09.1994, SAE 1996, 57, (61); Busch, MDR 1995, 217, (222); Ricken, Anm. zu BAG v. 18.11.1999, RdA 2001, 52, (54)

175 Weber, Anm. zu BAG v. 14.09.1994, SAE 1996, 57, (61)

176 MünchHdb. ArbR I/Buchner, § 40, Rn. 110; Belling, Anm. zu BAG v. 14.09.1994, AP Nr. 24 zu § 626 BGB Verdacht strafbarer Handlung

177 Belling, Anm. zu BAG v. 14.09.1994, AP Nr. 24 zu § 626 BGB Verdacht strafbarer Handlung; Lücke, BB 1998, 2259, (2262)

gewandelt.[178] Die Ansicht der Literatur bedeute für den Arbeitnehmer auch keine unzumutbare Härte: Stelle sich während des Kündigungsschutzprozesses die Unschuld des Arbeitnehmers bzw. die Unhaltbarkeit des Verdachts heraus, könne der Arbeitnehmer immer noch restitutiven Bestandsschutz über einen Wiedereinstellungsanspruch erlangen.[179] Auf diese Möglichkeit sei der Arbeitnehmer ohnehin angewiesen, wenn der Verdacht erst nach Abschluss des Kündigungsschutzprozesses oder nach ungenutztem Ablauf der Klagefrist des § 4 S. 1 KSchG ausgeräumt werden könne.[180] Nach der Konzeption der Rechtsprechung hinge die Rechtmäßigkeit der Kündigung dagegen vom zufälligen Zeitpunkt der Aufklärung des Verdachts ab.[181]

Darüber hinaus wird die Ablehnung der BAG- Rechtsprechung mit Rechtssicherheitserwägungen begründet. So führe die Rechtsprechung des BAG dazu, dass der Arbeitgeber trotz des Bestehens eines dringenden Tatverdachts bei Ausspruch der Kündigung keine auch nur annähernd realistische Prognose über die Wirksamkeit der Kündigung und das damit verbundene Prozessrisiko anstellen könne.[182]

Fraglich ist zunächst, ob die neuere Rechtsprechung des BAG zur Verdachtskündigung[183] tatsächlich noch eine Ausnahme von dem Grundsatz darstellt, wonach die Rechtswirksamkeit einer Kündigung nach den Verhältnissen zum Zeitpunkt des Zugangs der Kündigungserklärung zu beurteilen ist, wie z. T. in der Literatur[184] behauptet wird. Denn objektiv neue Tatsachen werden vom BAG inzwischen nicht mehr einbezogen.

---

178 Walker, Anm. zu BAG v. 27.02.1997, SAE 1998, 103, (105); Dörner, AiB 1993, 147, (159); Belling, Anm. zu BAG v. 14.09.1994, AP Nr. 24 zu § 626 BGB Verdacht strafbarer Handlung; Busch, MDR 1995, 217, (222); Weber, Anm. zu BAG v. 14.09.1994, SAE 1996, 57, (62)

179 Belling, Anm. zu BAG v. 14.09.1994, AP Nr. 24 zu § 626 BGB Verdacht strafbarer Handlung; Walker, Anm. zu BAG v. 12.08.1999, EzA § 626 BGB Verdacht strafbarer Handlung Nr. 8; Ricken, Anm. zu BAG v. 18.11.1999, RdA 2001, 52, (54); Berkowsky, Die personen- und verhaltensbedingte Kündigung, § 26, Rn. 24

180 Walker, Anm. zu BAG v. 12.08.1999, EzA § 626 BGB Verdacht strafbarer Handlung Nr. 8

181 Belling, Anm. zu BAG v. 14.09.1994, AP Nr. 24 zu § 626 BGB Verdacht strafbarer Handlung; MünchHdb. ArbR I/Buchner, § 40, Rn. 110

182 Lücke, BB 1998, 2259, (2262)

183 BAG v. 14.09.1994, EzA § 626 BGB Verdacht strafbarer Handlung Nr. 5

184 Belling, Anm. zu BAG v. 14.09.1994, AP Nr. 24 zu § 626 BGB Verdacht strafbarer Handlung; MünchHdb. ArbR I/Buchner, § 40, Rn. 110

Das Entlastungsvorbringen des Arbeitnehmers muss sich vielmehr auf Umstände beziehen, die zum Zeitpunkt des Zugangs der Kündigungserklärung objektiv schon vorlagen.[185] Dieses Vorgehen unterscheidet sich nicht von dem bei anderen Kündigungsgründen.[186] Auch sonst trägt der Arbeitgeber das Risiko, dass sich die Tatsachen, auf die er die Kündigung stützt im Prozess als falsch oder unzureichend herausstellen.[187] Eine Abweichung von dem grundsätzlichen Beurteilungszeitpunkt des Zugangs der Kündigungserklärung ist nach der neueren BAG- Rechtsprechung zur Verdachtskündigung folglich nicht mehr festzustellen.[188]

Der Unterschied zur überwiegenden Literaturmeinung liegt vielmehr darin, dass die Literaturansicht, da es sich bei der Verdachtskündigung um einen subjektiven Kündigungsgrund handelt, zur Überprüfung der Rechtswirksamkeit der Kündigung den subjektiven Kenntnisstand des Arbeitgebers und nicht wie sonst die objektiven Tatsachen zugrunde legen möchte.

Der Literatur ist zuzugeben, dass es zunächst konsequent erscheint, bei einer Anerkennung des Verdachts als Kündigungsgrund auch für die Beurteilung der Wirksamkeit der Kündigung einen subjektiven Maßstab anzuwenden. Ebenfalls führt die Rechtsprechung des BAG zu einer nachträglichen Umwandlung der Verdachts- in eine Tatkündigung, da durch die Berücksichtigung nachträglich bekannt werdender Entlastungsumstände faktisch nicht mehr die Begründetheit des ursprünglichen Verdachts des Arbeitgebers überprüft wird, sondern die Berechtigung des Tatvorwurfs.

Die dem BAG von der Literatur insoweit vorgeworfene Inkonsequenz in der Behandlung der Verdachtskündigung wäre aber nur beachtlich, wenn sie auch rechtlich relevant wäre. Das läge vor, wenn es sich um eine Art widersprüchlichen Verhaltens im Rechtssinne handelte, also ein vertrauensschutzwürdiger Tatbestand verletzt würde.

Dazu müsste der Arbeitgeber ein schutzwürdiges Vertrauen darin genießen, dass seine aufgrund eines sorgfältig ermittelten Sachverhalts zunächst begründete Verdachtskündigung auch bei nachträglicher Entkräftung des Tatvorwurfs wirksam bliebe. Ein solches Vertrauen könnte aus

---

185 BAG v. 14.09.1994, EzA § 626 BGB Verdacht strafbarer Handlung Nr. 5
186 BAG v. 14.09.1994, EzA § 626 BGB Verdacht strafbarer Handlung Nr. 5
187 BAG v. 14.09.1994, EzA § 626 BGB Verdacht strafbarer Handlung Nr. 5
188 Weber, Anm. zu BAG v. 14.09.1994, SAE 1996, 57, (61)

der Anerkennung des Verdachts als Kündigungsgrund durch die Rechtsprechung erwachsen. Dabei ist jedoch zu beachten, dass das Institut der Verdachtskündigung an sich bereits ein Zugeständnis an den Arbeitgeber darstellt, indem ihm die Möglichkeit eingeräumt wird, auf bewusst unsicherer Tatsachenlage die Kündigung auszusprechen. Das Risiko einer Unaufklärbarkeit des Sachverhalts trägt bei der Verdachtskündigung also der Arbeitnehmer.[189] Hinzu kommt, dass auch bei allen übrigen Kündigungsgründen das Risiko unzureichender Tatsachenermittlung beim Arbeitgeber liegt.[190] Vor diesem Hintergrund stellt sich die Frage, was ausgerechnet eine Abweichung bei der Verdachtskündigung rechtfertigen sollte, die doch ersichtlich mehr die Interessen des Arbeitnehmers beeinträchtigt. Hier wird von der Literatur argumentiert, die mit der Praxis des BAG verbundene Rechtsunsicherheit im Hinblick auf den Prozessausgang sei dem Arbeitgeber nicht zumutbar. Das Prozessrisiko soll umso schwerer wiegen, als der Arbeitgeber im Gegensatz zum Arbeitnehmer oft keinen Einfluss auf die Führung des Entlastungsbeweises habe.[191] Die Literaturmeinung habe außerdem den Vorteil, dass der Arbeitnehmer schon zur Vermeidung des Kostenrisikos an einer vorprozessualen Aufklärung interessiert sei.[192] Die damit geäußerte Befürchtung, der Arbeitnehmer könne bewusst die Aufklärung des Verdachts hinauszögern,[193] ist jedoch abwegig, wenn man bedenkt, dass ein Verdacht ähnlich diskriminierende Wirkung entfaltet wie eine Strafe.[194]

Das Argument einer unzumutbaren Rechtsunsicherheit für den Arbeitgeber ist aber vor allem im Hinblick darauf nicht überzeugend, dass ein dem Arbeitnehmer drohender unverschuldeter Verlust seines Arbeitsplatzes und damit seiner materiellen Existenzgrundlage vergleichsweise erheblich schwerer wiegt als das den Arbeitgeber hinsichtlich nachträglich bekannt werdender Entlastungsumstände treffende Prozesskostenrisiko. Auch der von der überwiegenden Literatur befürwortetete restitutive Bestandsschutz durch einen Wiedereinstellungsanspruch vermag die Beeinträchtigung des Arbeitnehmers nicht vollwertig auszuglei-

---

189 Bram/Rühl, NZA 1990, 753, (754); Nikisch, ArbR I, S. 730; vom Stein, Fehleinschätzungen, S. 145 f.

190 BAG v. 14.09.1994, EzA § 626 BGB Verdacht strafbarer Handlung Nr.5

191 MünchHdb. ArbR I/Buchner, § 40, Rn. 110

192 MünchHdb. ArbR I/Buchner, § 40, Rn. 110

193 Lücke, BB 1998, 2259, (2263)

194 Vgl. Berkowsky, Die personen- und verhaltensbedingte Kündigung, § 26, Rn. 18

chen, da dieser Anspruch nur im Rahmen der Zumutbarkeit vom Arbeitgeber erfüllt zu werden braucht. Diese Tatsache ist insofern noch gravierender als es für einen wegen des Verdachts einer strafbaren Handlung gekündigten Arbeitnehmer schwer sein dürfte, einen neuen Arbeitsplatz zu finden.[195] Vor diesem Hintergrund erscheint ein etwaiges Vertrauen des Arbeitgebers darin, dem Arbeitnehmer selbst bei nachträglich bekannt werdenden Entlastungsumständen wirksam kündigen zu können, nicht schutzwürdig.

Daher ist der Rechtsprechung des BAG zu folgen und auch zur Beurteilung der Wirksamkeit einer Verdachtskündigung auf die objektiv zum Zeitpunkt der Kündigungserklärung vorliegenden Tatsachen abzustellen.

Ausnahmen vom grundsätzlichen Beurteilungszeitpunkt des Zugangs der Kündigungserklärung sind also für keine Kündigungsform geboten.

Als Ergebnis der vorstehenden Erörterungen lässt sich festhalten, dass das Bedürfnis nach Rechtssicherheit sowohl auf Arbeitgeber- als auch auf Arbeitnehmerseite gegen die Berücksichtigung nachträglicher Veränderungen des kündigungsrelevanten Sachverhalts im Rahmen des Tatbestandes der Kündigung spricht.

195 Vgl. Berkowsky, Die personen- und verhaltensbedingte Kündigung, § 26, Rn. 18

VII. Prognosekorrektur durch den Wiedereinstellungsanspruch

Damit stellt sich die Frage, inwieweit nach Zugang der Kündigungserklärung eintretenden Tatsachenänderungen anderweitig Rechnung getragen werden kann. Wie eingangs dargestellt,[196] verlangt die ganz überwiegende Meinung dazu vom Arbeitgeber bei Ausspruch der Kündigung eine Prognose dahingehend, dass es künftig zu Beeinträchtigungen des Arbeitsverhältnisses kommen wird bzw. die Weiterbeschäftigungsmöglichkeit des Arbeitnehmers spätestens zum Ablauf der Kündigungsfrist entfällt. Da eine solche Prognose notwendig ungewiss ist, liegt die Annahme einer Prognosekorrektur etwa durch einen Wiedereinstellungsanspruch des Arbeitnehmers für den Fall nahe, dass die Prognose durch die nachträgliche tatsächliche Entwicklung widerlegt wird.

Fraglich ist, ob ein solches Vorgehen rechtlich zulässig ist.

1. Legitimation des Prognoseprinzips im Kündigungsschutzrecht

Aus der Zukunftsbezogenheit der Kündigungsgründe folgt als Voraussetzung für die Rechtswirksamkeit einer Kündigung, dass eine Weiterbeschäftigung des Arbeitnehmers in Zukunft nicht mehr möglich oder zumutbar ist. Wenn als Beurteilungszeitpunkt für die Wirksamkeit der Kündigung aus Rechtssicherheitsgründen auf den Zugang der Kündigungserklärung abgestellt wird, lässt sich eine Aussage über die zukünftig zu erwartenden Verhältnisse nur in Form einer Prognose des Arbeitgebers treffen. Die Notwendigkeit einer Prognose des Arbeitgebers ergibt sich also aus der Anerkennung der Zukunftsbezogenheit der Kündigungsgründe in Verbindung mit der Festlegung des Beurteilungszeitpunkts für die Wirksamkeit der Kündigung auf den Zugang der Kündigungserklärung.

Dabei wird dem Prognoseprinzip sowohl begünstigende als auch belastende Wirkung für den Arbeitgeber beigemessen in dem Sinne, dass

196 Unter V., S. 9

dieser aufgrund einer Prognose kündigen muss aber auch darf.[197] Das bedeutet, dass der Arbeitgeber einerseits die nicht mögliche oder zumutbare Weiterbeschäftigung des Arbeitnehmers für die Zukunft darlegen muss, anderseits aber auch bereits die Kündigung aussprechen darf, wenn aufgrund der im Zeitpunkt des Zugangs der Kündigungserklärung vorliegenden Umstände erkennbar ist, dass der Bedarf an dem Arbeitnehmer zukünftig, und zwar spätestens mit Ablauf der Kündigungsfrist, entfallen wird.[198] Die arbeitgeberbegünstigene Wirkung der Prognose ist nach der Rechtsprechung des BAG bisher bei betriebsbedingten Kündigungen wegen beabsichtigter Betriebsstilllegung relevant geworden, wonach der Arbeitgeber die Kündigung bereits aussprechen darf, wenn die geplante Maßnahme greifbare Formen angenommen hat.[199]

Fraglich ist, ob auch diese Ausprägung des Prognoseprinzips in Form der Zulässigkeit einer vorbeugenden Kündigung gerechtfertigt ist.[200] Hängt die Rechtswirksamkeit einer Kündigung von der zukünftig fehlenden Weiterbeschäftigungsmöglichkeit des Arbeitnehmers ab, dann folgt daraus einerseits, wie gesehen, das Erfordernis einer Prognose des Arbeitgebers über die zukünftigen Aussichten für den Fortbestand des Arbeitsverhältnisses, anderseits lässt sich daraus nicht die Notwendigkeit ableiten, dass die Weiterbeschäftigungsmöglichkeit schon zum Zeitpunkt des Zugangs der Kündigungserklärung entfallen sein muss.[201] Dies ergibt sich aus der gesetzlichen Einteilung in fristlose und ordentliche Kündigungen. Voraussetzung einer fristlosen Kündigung ist gerade die fehlende Möglichkeit oder Zumutbarkeit der Fortsetzung des Arbeitsverhältnisses bis zum Ablauf der Kündigungsfrist. Daraus folgt im Umkehrschluss als Kennzeichen einer ordentlichen Kündigung, dass die Weiterbeschäf-

---

197 Wank, RdA 1993, 79, (83); Honstetter, S. 11 f.

198 Wank, RdA 1993, 79, (83); Honstetter, S. 11 f.; Meinel/Bauer, NZA 1999, 575, (577); MünchHdb. ArbR II/Berkowsky, § 134, Rn. 74, auf die betriebsbedingte Kündigung bezogen

199 BAG v. 23.03.1984, AP Nr. 38 zu § 1 KSchG 1969 Betriebsbedingte Kündigung; BAG v. 19.06.1991, 10.10.1996, AP Nr. 53, 81 zu § 1 KSchG 1969 Betriebsbedingte Kündigung

200 Vgl. zu dieser Frage auch Gentges, S. 135 ff.

201 Anders Hergenröder, Anm. zu BAG v. 04.12.1997, EzA § 1 KSchG Wiedereinstellungsanspruch Nr. 3, S. 18, der in der Anerkennung einer beabsichtigten Betriebsstilllegung als soziale Rechtfertigung i. S. d. § 1 KSchG ein richterrechtlich herausgearbeitetes Institut erblickt, dass über den Wortlaut des KSchG hinausgehe.

tigung bis zum Ablauf der Kündigungsfrist noch möglich bzw. zumutbar ist, die Beschäftigungsmöglichkeit also erst danach entfallen muss. Dann muss es auch für die Prognose des Arbeitgebers bei einer ordentlichen Kündigung genügen, wenn objektive Tatsachen im Zeitpunkt des Zugangs der Kündigungserklärung die Beschäftigung des Arbeitnehmers ab dem Ablauf der Kündigungsfrist nicht mehr möglich erscheinen lassen.

Für die Anerkennung einer Kündigung schon vor dem Wegfall der Beschäftigungsmöglichkeit spricht außerdem die wirtschaftliche Erwägung, dass sonst angesichts der mitunter langen Kündigungsfristen der Arbeitgeber verpflichtet wäre, die Arbeitnehmer für einen nicht unbeträchtlichen Zeitraum weiter zu entlohnen, obwohl für sie kein Bedarf mehr besteht.[202]

Folglich ist die Anwendung des Prognoseprinzips, mit dem Inhalt, dem ihm die herrschende Ansicht gegeben hat, im Kündigungsschutzrecht gerechtfertigt.

2. Die Gewährung eines allgemeinen Wiedereinstellungsanspruchs

Damit stellt sich die Frage, ob auch die Korrektur von Fehlprognosen im Wege eines Wiedereinstellungsanspruchs des Arbeitnehmers geboten und rechtlich zulässig ist.

a) Notwendigkeit einer Prognosekorrektur

Das BAG hat in seinen jüngsten Entscheidungen betont, der Wiedereinstellungsanspruch des Arbeitnehmers sei ein notwendiges Korrektiv dafür, dass die Rechtsprechung allein aus Gründen der Rechtssicherheit, Verlässlichkeit und Klarheit bei der Prüfung des Kündigungsgrundes auf den Zeitpunkt des Kündigungsausspruchs abstelle und schon eine Kündigung aufgrund einer Prognoseentscheidung (z. B. wegen beabsichtigter

202 Wank, RdA 1993, 79, (83); Löwisch, KSchG, § 1, Rn. 262

Betriebsstilllegung) zuließe.[203] Diese Ansicht wird von der überwiegenden Literatur geteilt.[204]

Dem wird entgegengehalten, dass mit dem Prognoseprinzip eine gesetzliche Risikoverteilung verbunden sei.[205] Werde der Arbeitgeber einerseits mit dem Risiko einer falschen Prognose belastet, dann müsse er den Arbeitnehmer andererseits an der im Zeitpunkt der Kündigungserklärung richtigen Prognose auch dann festhalten dürfen, wenn der Kündigungsgrund unvorhersehbar wegfalle.[206] Außerdem, so wird argumentiert, bedeute das Zugeständnis an den Arbeitgeber, sich auf eine Prognose zu berufen, die gleichzeitige Befreiung von dem Risiko, dass sich die Prognose, wie es in ihrer Natur liege, als falsch herausstelle.[207] Dementsprechend würde die Zubilligung eines Wiedereinstellungsanspruchs wegen nachträglicher Änderung der Prognose zugrundeliegender Umstände genau dies konterkarieren.[208]

Sofern darauf abgestellt wird, dass der Arbeitgeber durch das Prognoseprinzip mit dem Risiko einer von vornherein falschen Prognose belastet werde und er daher den Arbeitnehmer an einer im Zeitpunkt der Kündigungserklärung richtigen Prognose festhalten können müsse, lässt diese Ansicht die arbeitgeberbegünstigende Wirkung einer Prognose außer Betracht. Zudem wird der Arbeitnehmer an einer im Kündigungszeitpunkt richtigen Prognose zumindest insoweit festgehalten als nachträgliche Veränderungen keinen Einfluss mehr auf die Wirksamkeit der Kündigung haben.

Gegen die Argumentation mit der abschließenden gesetzlichen Risikoverteilung spricht, dass dem Kündigungsschutzrecht zunächst einmal

---

203 BAG v. 27.02.1997, SAE 1998, 98, (100); BAG v. 04.12.1997, EzA § 1 KSchG Wiedereinstellungsanspruch Nr. 3

204 Raab, RdA 2000, 147, (149); Bram/Rühl, NZA 1990, 753, (754 f.); Boewer, NZA 1999, 1121, (1128); Hergenröder, Anm. zu BAG v. 04.12.1997, EzA § 1 KSchG Wiedereinstellungsanspruch Nr. 3, unter II. 1. a); Moll, Anm. zu LAG Hamm v. 11.11.1998, EWiR 1999, § 613 a BGB Nr. 14, 995, (996); Boudon, Anm. zu BAG v. 06.08.1997, EWiR 1998, § 1 KSchG Nr. 1, 323, (324); Löwisch, KSchG, § 1, Rn. 81; Hinrichs, Anm. zu BAG v. 27.02.1997, AiB 1997, 615; differenzierend Meinel/Bauer, NZA 1999, 575, (576 f.)

205 Ricken, NZA 1998, 460, (463); Nicolai/Noak, ZfA 2000, 87, (90 f.); Kaiser, ZfA 2000, 205, (224); Zwanziger, BB 1997, 42

206 Kaiser, ZfA 2000, 205, (224 f.)

207 Nicolai/Noak, ZfA 2000, 87, (90 f.)

208 Nicolai/Noak, ZfA 2000, 87, (90 f.)

nur die Zukunftsbezogenheit der Kündigungsgründe immanent ist. Das Prognoseprinzip stellt, wie oben gesehen, nur ein notwendiges Mittel dar, um bei einer Festlegung des Beurteilungszeitpunkts der Kündigung auf den Zugang der Kündigungserklärung der Zukunftsbezogenheit dennoch Rechnung tragen zu können. Dabei wurde allein aus Rechtssicherheitsgründen auf den Zugang der Kündigungserklärung abgestellt. Zwingend aus dem Gesetz ergab sich diese Wertung nicht.[209]

Von einer abschließenden gesetzlichen Risikoverteilung kann folglich keine Rede sein.

Damit wurde aber noch nicht die Notwendigkeit einer Prognosekorrektur begründet. Diese könnte sich aus der Zukunftsbezogenheit der Kündigungsgründe ergeben.

Die Zukunftsbezogenheit der Kündigungsgründe besagt, dass die Wirksamkeit einer Kündigung davon abhängen muss, ob die Weiterbeschäftigung des Arbeitnehmers zukünftig möglich bzw. zumutbar ist. Die Zukunft beginnt bei der ordentlichen Kündigung aber erst mit der tatsächlichen Beendigung des Arbeitsverhältnisses, also mit dem Ablauf der Kündigungsfrist. Um die Aussichten für eine Weiterbeschäftigung des Arbeitnehmers möglichst zuverlässig beurteilen zu können, müssten daher an sich Veränderungen des Kündigungssachverhalts zumindest noch bis zu diesem Zeitpunkt berücksichtigt werden. Das Prognoseprinzip vermag diesem Bedürfnis nicht gerecht zu werden, da es bei einer ordentlichen Kündigung die tatsächliche Entwicklung bis zum Ablauf der Kündigungsfrist und damit eine wichtige Grundlage für die Beurteilung der Zukunft außer Betracht lässt. Dieses Defizit wurde aus Gründen der Rechtssicherheit auf der Ebene der Wirksamkeit der Kündigung in Kauf genommen. Eine nach wirksamer Kündigung erfolgende Korrektur eventueller Fehlprognosen des Arbeitgebers ist geeignet dieses Defizit auszugleichen. Die Prognosekorrektur ist somit erforderlich, um der Zukunftsbezogenheit der Kündigungsgründe im Nachhinein noch Rechnung zu tragen.

Daher ist der Rechtsprechung insoweit zuzustimmen als sie in der Prognosekorrektur den notwendigen Ausgleich dafür sieht, dass bei der Prüfung des Kündigungsgrundes im Interesse der Rechtssicherheit allein

209 Anders: Adam, DZWiR 1997, 522 sowie Raab, RdA 2000, 147, (152); dazu oben VI. 2. e)

auf den Zeitpunkt des Kündigungszugangs, nicht aber auf den Ablauf der Kündigungsfrist abgestellt wird.[210]

aa) Prognosekorrektur als Kompensation für die Kündigungsmöglichkeit aufgrund einer Prognose

Fraglich ist, ob auch der Ansicht gefolgt werden kann, wonach die Prognosekorrektur durch den Wiedereinstellungsanspruch einen Ausgleich für die dem Arbeitgeber von der Rechtsprechung eingeräumte Möglichkeit darstellt, wegen einer erst in Zukunft eintretenden Entwicklung (z. B. beabsichtigter Betriebsstilllegung) zu kündigen.[211]

Bei einer solchen Sichtweise erschiene es konsequent die Notwendigkeit einer Prognosekorrektur auf die Fälle vorbeugender Kündigungen zu beschränken.

Tatsächlich möchte vor diesem Hintergrund eine Auffassung zwischen einer Stabilitäts- und Veränderungsprognose differenzieren und nur bei letzterer die Erforderlichkeit einer Prognosekorrektur bejahen.[212] Ausgehend von der sowohl arbeitgeberbegünstigenden als auch -belastenden Wirkung der Prognose, liege eine Veränderungsprognose dann vor, wenn der Arbeitgeber die Kündigung bereits im Vorfeld bzw. aufgrund unsicherer Tatsachenlage ausspreche. Nur in diesen Fällen (betriebsbedingte Kündigung vor Wegfall der Beschäftigungsmöglichkeit und Verdachtskündigung) sei die Prognose als Zugeständnis an den Arbeitgeber begreifbar und gebiete daher unter Gerechtigkeitsgesichtspunkten eines Ausgleichs durch eine mögliche Korrektur.[213]

Gegen diese Ansicht spricht, dass sie die Prognosekorretur als Zugeständnis an den Arbeitnehmer versteht, das nur dann gewährt werden darf, wenn zuvor die Prognose ein Zugeständnis an den Arbeitgeber darstellte. Wie oben gezeigt, besteht der Zweck des Prognoseprinzips, und zwar gerade in seiner arbeitgeberbelastenden Form, jedoch darin, der Zukunfts-

---

210 So ausdrücklich BAG v. 06.08.1997, EzA § 1 KSchG Wiedereinstellungsanspruch Nr. 2, unter II. 1. b)

211 Diesen Aspekt betonend: Hinrichs, Anm. zu BAG v. 27.02.1997, AiB 1997, 615; Hergenröder, Anm. zu BAG v. 04.12.1997, EzA § 1 KSchG Wiedereinstellungsanspruch Nr. 3, unter II. 1.; LAG Hamm v. 11.11.1998, NZA- RR 1999, 576, (579) sowie v. 04.04.2000, ZInsO 2000, 292, (295)

212 Meinel/Bauer, NZA 1999, 575, (577)

213 Meinel/Bauer, NZA 1999, 575, (577); ähnlich Wank, RdA 1993, 79, (83)

bezogenheit der Kündigungsgründe Rechnung zu tragen. Da das Prognoseprinzip allein diesen Zweck nur unvollständig zu erfüllen vermag, ist grundsätzlich eine Prognosekorrektur geboten, unabhängig davon, ob der Arbeitgeber vorbeugend gekündigt hat oder nicht.

Somit ist die Erforderlichkeit einer Prognosekorrektur im Grundsatz bei allen Kündigungsgründen des § 1 II KSchG zu bejahen.

bb) Verteilung des Prognoserisikos

Im Gegensatz dazu wird eine Prognosekorrektur vielfach abgelehnt, wenn der Kündigungsgrund aus der Risikosphäre des Arbeitnehmers stammt[214] und dieser deshalb auch das Fehlprognoserisiko zu tragen hat.[215] Eine Risikozuweisung an den Arbeitnehmer wird grundsätzlich bei personen- und verhaltensbedingten Kündigungen angenommen.[216] Teilweise werden Einschränkungen bei der krankheitsbedingten Kündigung gemacht.[217]

Eine Abweichung vom Grundsatz der Erforderlichkeit einer Prognosekorrektur erscheint nur für die Fälle gerechtfertigt, in denen das Risiko einer Fehlprognose ausschließlich dem Arbeitnehmer zugeordnet werden kann. Es ist daher zu untersuchen, wann eine solche Risikozuweisung anzunehmen ist.

Die Klärung dieser Frage setzt zunächst die Festlegung von Kriterien voraus, nach denen sich die Risikoverteilung richtet.

Anerkannte Kriterien für eine Risikozuweisung bilden die Veranlassung, wenn also beispielsweise der Eintritt des Risikos auf das Verhalten

---

214 LAG Hamburg v. 10.02.1998, LAGE § 1 KSchG Wiedereinstellungsanspruch Nr.2; im Urteil des BAG v. 17.06.1999, SAE 2000, 93, (97) wird der Gesichtspunkt der Risikozuordnung als Kriterium für die Gewährung eines Wiedereinstellungsanspruchs bei krankheitsbedingter Kündigung erwähnt, aber keine Sachentscheidung getroffen; Preis, Anm. zu LAG Köln v. 10.01.1989, LAGE § 611 BGB Einstellungsanspruch Nr. 1; Hueck/v. Hoyningen-Huene, KSchG, 12. Aufl., § 1, Rn. 156 b; KR-Etzel, 5. Aufl., § 1 KSchG, Rn. 350

215 Das Bestehen dieses Zusammenhangs zwischen der Risikosphäre des Kündigungsgrundes und dem Fehlprognoserisiko wurde unter VI. 2. f) (S. 30) bereits aufgezeigt.

216 Preis, Anm. zu LAG Köln v. 10.01.1989, LAGE § 611 BGB Einstellungsanspruch Nr. 1; Boewer, NZA 1999, 1121, (1130)

217 LAG Hamburg v.10.02.1998, LAGE § 1 KSchG Wiedereinstellungsanspruch Nr.2; KR-Etzel, 5. Aufl., § 1 KSchG, Rn. 350

einer Partei zurückgeht,[218] sowie die Beherrschbarkeit des Risikoeintritts.[219] Ein weiteres Kriterium kann die Frage bilden, bei welcher Partei das Risiko seinen objektiven Ursprung nimmt.[220]

Auf den letzten Gesichtspunkt lässt sich die Ansicht stützen, wonach personen- und verhaltensbedingte Kündigungsgründe der Risikosphäre des Arbeitnehmers angehören. Diese Kündigungsgründe beruhen auf einer in den persönlichen Verhältnissen oder Eigenschaften des Arbeitnehmers liegenden „Störquelle"[221], haben also ihren Ursprung in der Person oder im Verhalten des Arbeitnehmers. Damit lässt sich allerdings noch keine für den Einzelfall gültige, ausschließliche Risikozuweisung an den Arbeitnehmer rechtfertigen.

Zweifel ergeben sich z. B. im Bereich der krankheitsbedingten Kündigung aufgrund der gesetzlichen Regelung der Entgeltfortzahlungspflicht des Arbeitgebers.[222] Zwar enthält die gesetzliche Regelung der Entgeltfortzahlung noch keine eindeutige normative Risikozuweisung,[223] sie zeigt jedoch, dass nach der Wertentscheidung des Gesetzgebers Krankheiten nicht allein im Risikobereich des Arbeitnehmers anzusiedeln sind.[224] Hinzu kommt, dass das Kriterium des objektiven Ursprungs des Risikos oftmals keine eindeutige Risikozuweisung ermöglicht. Denn für die Berechtigung einer Kündigung ist letztlich nicht die Herkunft des jeweiligen „Störfaktors", sondern die Auswirkung auf das Arbeitsverhältnis entscheidend. Im Rahmen der dazu erforderlichen Prognose sind aber auch der Störung eventuell zugrunde liegende fernere Ursachen in Betracht zu ziehen. Eine sachgerechte Verteilung des Fehlprognoserisikos setzt daher die Berücksichtigung aller für die Prognose und entsprechend auch für die Fehlprognose maßgeblichen Umstände voraus. Damit ergibt sich aber das Problem, worin beispielsweise bei einer betrieblich

---

218 Staudinger/Schmidt, § 242 BGB, Rn. 1058; Palandt/Heinrichs, § 242 BGB, Rn. 127

219 Canaris, Vertrauenshaftung, S. 452; Staudinger/Schmidt, § 242 BGB, Rn. 1058

220 Staudinger/Schmidt, § 242 BGB, Rn. 1058

221 Hessisches LAG v. 19.07.1999, LAGE § 1 KSchG Betriebsbedingte Kündigung Nr. 55; BAG v. 13.03.1987, AP Nr. 37 zu § 1 KSchG 1969 Betriebsbedingte Kündigung; KR-Etzel, § 1 KSchG, Rn. 265

222 LAG Hamburg v. 10.02.1998, LAGE § 1 KSchG Wiedereinstellungsanspruch Nr. 2

223 Schwarze, Anm. zu Hessischem LAG v. 19.07.1999, LAGE § 1 KSchG Betriebsbedingte Kündigung Nr. 55

224 LAG Hamburg v. 10.02.1998, LAGE § 1 KSchG Wiedereinstellungsanspruch Nr. 2

veranlaßten Erkrankung des Arbeitnehmers der objektive Ursprung des Risikos zu sehen ist.

Um zu einer angemessenen Lösung von Einzelproblemen zu gelangen, werden die Risikoverteilungskriterien deshalb üblicherweise nicht isoliert, sondern in Kombination miteinander angewendet.[225]

Vor diesem Hintergrund ist anhand der oben genannten Kriterien zu untersuchen, unter welchen Umständen das Fehlprognoserisiko allein vom Arbeitnehmer zu tragen ist.

Das ist anzunehmen, wenn die Widerlegung der Ausgangsprognose auf das eigene Tun des Arbeitnehmers zurückzuführen ist. Hat der Arbeitnehmer aufgrund freien Willensentschlusses den nachträglichen Wegfall des Kündigungsgrundes herbeigeführt, dann trägt er nach dem Kriterium der Veranlassung auch das alleinige Fehlprognoserisiko. Da in solchen Fällen der Eintritt des Risikos allein vom Willen des Arbeitnehmers abhängt, ist auch die Beherrschbarkeit des Risikoeintritts durch den Arbeitnehmer zu bejahen. Dies wird praktisch immer bei verhaltensbedingten Kündigungen gegeben sein, weil dort eine Widerlegung der Ausgangsprognose, wenn überhaupt,[226] nur durch ein nachträgliches Wohlverhalten des Arbeitnehmers denkbar ist. Die Notwendigkeit einer Prognosekorrektur entfällt also stets bei verhaltensbedingten Kündigungen, da in diesen Fällen das Fehlprognoserisiko ausschließlich dem Arbeitnehmer zuzuweisen ist.

Aber auch bei personenbedingten Kündigungen ist eine solche Risikoverteilung möglich. Entschließt sich der Arbeitnehmer beispielsweise nach Ausspruch der Kündigung zu einer Operation, die er vorher abgelehnt hat oder ändert er seinen Lebensstil, dann fallen dadurch bewirkte Änderungen der Prognose allein in seinen Risikobereich.

Schwieriger ist die Risikoverteilung dagegen, wenn die Genesung oder Heilung des Arbeitnehmers aufgrund einer bisher nicht bekannten Behandlungsmethode oder eines neuen Medikaments eintritt oder wenn einem ausländischer Arbeitnehmer die Arbeitserlaubnis entzogen wurde und die behördliche Entscheidung wieder aufgehoben wird. In solchen Fällen liegen die Umstände, die zu einer Widerlegung der Ausgangs-

---

225 Staudinger/Schmidt, § 242 BGB, Rn. 1056

226 Zweifelnd: Raab, RdA 2000, 147, (153); Boewer, NZA 1999, 1121, (1130); Preis, Prinzipien, S. 357, die auf die Schwierigkeit des Nachweises einer Fehlprognose bei der verhaltensbedingten Kündigung hinweisen.

prognose führen, außerhalb des Einflussbereichs der Parteien gleichsam in einer neutralen Sphäre. Unter keinem Gesichtspunkt ist dann eine eindeutige und ausschließliche Risikozuweisung an den Arbeitnehmer möglich. Folglich in diesen Fällen am Grundsatz der Erforderlichkeit einer Prognosekorrektur festzuhalten.

Im Ergebnis lässt sich feststellen, dass eine Prognosekorrektur dann nicht in Betracht kommt, wenn die Änderung der Prognose auf einer Verhaltensänderung des Arbeitnehmers beruht, was bei verhaltensbedingten Kündigungen immer zutreffen dürfte, während es im Übrigen bei der grundsätzlichen Notwendigkeit einer Prognosekorrektur bleibt.

b) Dogmatische Grundlagen einer Prognosekorrektur

Nachdem soeben die grundsätzliche Erforderlichkeit einer Prognosekorretur bejaht wurde, stellt sich nun die Frage nach ihrer dogmatischen Grundlage. Dabei ist zunächst nach gesetzlichen Anspruchsgrundlagen zu suchen, bevor eine Lösung im Wege der Rechtsfortbildung versucht werden kann.

aa) Schadensersatzrechtliche Lösungen

Es gibt verschiedene Ansätze, aus vertraglichen oder deliktischen Schadensersatzansprüchen im Wege der Naturalrestitution gem. § 249 Satz 1 BGB einen Wiedereinstellungsanspruch des Arbeitnehmers bei nachträglichem Wegfall des Kündigungsgrundes herzuleiten. Anknüpfungspunkt für die Verletzungshandlung des Arbeitgebers kann dabei jeweils nur die Weigerung zur Wiedereinstellung nach Wegfall des Kündigungsgrundes sein, da die Kündigung als solche rechtmäßig war.[227]

(1) § 280 Abs. 1 BGB (pVV)

So wird etwa ein Wiedereinstellungsanspruch aus § 280 Abs. 1 BGB (pVV) wegen schuldhafter Nebenpflichtverletzung des Arbeitgebers angenommen.[228]

---

227 Honstetter, S. 173; Strathmann, Wiedereinstellungsanspruch, S. 43 f.

228 v. Stein, RdA 1991, 85, (88)

Ungeachtet dessen, dass eine Vertragsbegründung im Wege der Naturalrestitution nicht unproblematisch ist,[229] setzt ein Anspruch aus § 280 Abs. 1 BGB wegen schuldhafter Nebenpflichtverletzung des Arbeitgebers voraus, was es zu beweisen gilt: Die Pflicht des Arbeitgebers, dem Wiedereinstellungsverlangen des Arbeitnehmers zumindest unter bestimmten Voraussetzungen zu entsprechen. Erst wenn der Nachweis einer solchen Pflicht gelingt, stellt sich in einem zweiten Schritt die Frage, ob eine Verletzung dieser Pflicht einen selbständigen Erfüllungsanspruch des Arbeitnehmers auf Wiedereinstellung auslöst, oder lediglich eine Schadensersatzpflicht aus § 280 Abs. 1 BGB.[230]

(2) § 823 Abs. 1 BGB

Die Bejahung eines Schadensersatzanspruchs aus § 823 Abs. 1 BGB würde zunächst die umstrittene Annahme eines Rechts am Arbeitsplatz als absolut geschütztes Rechtsgut im Sinne des § 823 Abs. 1 BGB voraussetzen.[231] Selbst bei Annahme einer solchen Rechtsposition würde diese aber jedenfalls mit der Auflösung des Arbeitsverhältnisses infolge der wirksamen Kündigung des Arbeitgebers enden,[232] sodass § 823 Abs. 1 BGB als Rechtsgrundlage für einen Wiedereinstellungsanspruch des Arbeitnehmers nach Ablauf der Kündigungsfrist ohnehin nicht in Betracht kommt. Unabhängig davon läge ein Eingriff in den Schutzbereich des § 823 Abs. 1 BGB durch die Nichtwiedereinstellung als Unterlassung nur vor, wenn eine diesbezügliche Handlungspflicht des Arbeitgebers bestünde, deren Auffinden aber gerade den Gegenstand der Untersuchung bildet.[233] § 823 Abs. 1 BGB kann somit nicht zur dogmatischen Begründung eines Wiedereinstellungsanspruchs herangezogen werden.

(3) § 826 BGB

Ein Teil der Literatur sieht in einem Schadensersatzanspruch aus § 826 BGB die geeignete Grundlage für einen Wiedereinstellungsan-

229 Busche, Privatautonomie und Kontrahierungszwang, S. 220 ff.
230 Vgl. Oetker, ZIP 2000, 643, (648) und unten
231 Vgl. zum Streitstand Strathmann, Wiedereinstellungsanspruch, S. 44
232 Hambitzer, Wiedereinstellungsanspruch, S. 51
233 v. Stein, Fehleinschätzungen, S. 129 und 131

spruch des Arbeitnehmers.[234] Dazu müsste in der bloßen Nichtwiedereinstellung eine sittenwidrige Schädigung des Arbeitnehmers gesehen werden können. Dies erscheint allenfalls in Ausnahmefällen gerechtfertigt.[235] Ein solcher könnte beispielsweise bei der Verdachtskündigung vorliegen, deren Zulässigkeit ohnehin umstritten ist und bei der eine Nichtwiedereinstellung trotz nachträglich erwiesener Unschuld des Arbeitnehmers ganz überwiegend und seit langem als unbillig empfunden wird. Gegen die Annahme eines Wiedereinstellungsanspruchs aus § 826 BGB auch in dieser Konstellation spricht aber, dass die Rechtspraxis nicht auf der einen Seite davon ausgehen kann, dass die sich später herausstellende Unschuld des Arbeitnehmers keinen Einfluss auf die materielle Rechtmäßigkeit der Kündigung habe, um dem Arbeitgeber auf der anderen Seite aus der Nichtwiedereinstellung trotz materiell rechtmäßiger Kündigung den Vorwurf des sittenwidrigen Verhaltens zu machen.[236]

(4) Gefährdungshaftung

Ausgehend von dem Gedanken, der Arbeitgeber schaffe unter gewissen Voraussetzungen durch eine wirksame Kündigung, also rechtmäßig, eine risikobeladene Situation dergestalt, dass der Kündigungsgrund nachträglich entfallen könne, wurde in der Literatur die Überlegung angestellt, einen Wiedereinstellungsanspruch des Arbeitnehmers aus einer im Wege richterlicher Rechtsfortbildung zu begründenden Gefährdungshaftung herzuleiten.[237] Dagegen spricht allerdings, dass für die Gefährdungshaftung in unserem Rechtssystem das Enumerativprinzip gilt, sodass sich eine Erweiterung der Tatbestände der Gefährdungshaftung im Wege richterlicher Rechtsfortbildung verbietet.[238]

---

234 Hueck, FS Hedemann 1958, 138 f.; v. Bar, AcP 179, 452, (474)

235 Strathmann, Wiedereinstellungsanspruch, S. 45; Hambitzer, Wiedereinstellungsanspruch, S. 52; Boewer, NZA 1999, 1121, (1129)

236 Vgl. v. Stein, Fehleinschätzungen, S. 132 ff.

237 Vgl. Hambitzer, Wiedereinstellungsanspruch, S. 53, Fn. 155

238 BAG GrS v. 10.11.1961, BAGE 12, 15, (21); Jauernig/Teichmann, Vor § 823 BGB, Anm. II.2.; Boewer, NZA 1999, 1121, (1129); v. Stein, Fehleinschätzungen, S. 135 f.; Hambitzer, Wiedereinstellungsanspruch, S. 53 f.

bb) Quasinegatorischer Beseitungsanspruch gem. § 1004 BGB analog

Sofern nach einer Ansicht[239] ein Wiedereinstellungsanspruch aus der analogen Anwendung des § 1004 BGB folgen soll, stehen dem unabhängig von der erforderlichen Anerkennung eines Rechts am Arbeitsplatz als absolut geschütztes Recht im Sinne des § 823 Abs. 1 BGB die entsprechenden Erwägungen wie bei der Ablehnung des Anspruchs aus § 823 Abs. 1 BGB entgegen.

Folglich lässt sich weder eine unmittelbare gesetzliche Rechtsgrundlage für eine Prognosekorrektur bei nachträglichem Wegfall des Kündigungsgrundes finden noch ist eine Rechtsfortbildung im Hinblick auf eine Erweiterung der Tatbestände der Gefährdungshaftung sowie gem. § 1004 BGB analog möglich Damit bleibt noch die Möglichkeit, die Prognosekorrektur auf andere Weise im Wege der Rechtsfortbildung zu legitimieren.

Eine zulässige Rechtsfortbildung setzt nach herrschendem Verständnis das Vorliegen einer Lücke im Recht voraus.[240] Eine solche wird überwiegend definiert als planwidrige Unvollständigkeit innerhalb des positiven Rechts, gemessen am Maßstab der gesamten Rechtsordnung.[241] Ausgehend von diesem Verständnis unterscheiden Larenz/Canaris zwischen gesetzesimmanenter und gesetzesübersteigender Rechtsfortbildung als Formen zulässiger Lückenschließung.[242] Während es sich bei der gesetzesimmanenten Rechtsfortbildung um die Ausfüllung von Gesetzeslücken gemäß der Regelungsabsicht dem Plan des Gesetzes selbst handele, liege eine gesetzesübersteigende Rechtsfortbildung vor, wenn das Fehlen einer rechtlichen Regelung zwar nicht schon gemessen am Plan des Gesetzes selbst, wohl aber gemessen an den Erfordernissen der Gesamtrechtsordnung als behebungsbedürftige Unvollständigkeit erscheine.[243] Bezogen auf die vorliegende Fragestellung läge also eine gesetzesimmanente Rechtsfortbildung vor, wenn sich die Notwendigkeit einer Progno-

---

239 Bobrowski/Gaul, Das Arbeitsrecht im Betrieb, Bd. 2, L.III., Rn. 30, S. 226

240 Larenz/Canaris, Methodenlehre, S. 191; Canaris, Die Feststellung von Lücken im Gesetz, S. 17 ff.; Bydlinski, Juristische Methodenlehre, S. 473; Röhl, Allg. Rechtslehre, S. 654; Koller, Theorie des Rechts, S. 227

241 Canaris, Die Feststellung von Lücken im Gesetz, S. 39; Bydlinski, Juristische Methodenlehre, S. 473; Koller, Theorie des Rechts, S. 227

242 Larenz/Canaris, Methodenlehre, S. 191 ff., 245 ff.

243 Larenz/Canaris, Methodenlehre, S. 191 ff., 245 ff.

sekorrektur aus dem Regelungszweck des KSchG ergeben würde. Von einer gesetzesübersteigenden Rechtsfortbildung wäre dagegen auszugehen, wenn sich die Erforderlichkeit einer Prognosekorrektur aus einem allgemeinen Rechtprinzip wie Treu und Glauben oder aus einer Verfassungsnorm herleiten ließe. Der Sinn einer solchen Einteilung liegt darin, dass sich Rechtsfortbildung umso leichter legitimieren lässt, je deutlicher und konkreter die Lösung für die Lückenausfüllung bereits im Gesetz vorgezeichnet ist, die Legitimation dagegen umso schwerer fällt, je allgemeiner der Lückenschließungsgedanke gewählt wird (z. B. allg. Rechtsgrundsatz).[244] Daher ist die gesetzesimmanente Rechtsfortbildung vorrangig vor der gesetzesübersteigenden zu prüfen.[245]

cc) Gesetzesimmanente Rechtsfortbildung

Damit stellt sich zunächst die Frage, ob eine Prognosekorrektur im Wege gesetzesimmanenter Rechtsfortbildung angenommen werden kann.

In die Richtung zielt eine Ansicht, die den Wiedereinstellungsanspruch des Arbeitnehmers auf eine systemimmanente Rechtsfortbildung stützen möchte,[246] während nach anderer Auffassung die Legitimation für die Schaffung eines allgemeinen Wiedereinstellungsanspruchs im Wege der Rechtsfortbildung ganz abgelehnt wird.[247]

Eine gesetzesimmanente Rechtsfortbildung setzt des Bestehen einer Gesetzeslücke gemessen an der Regelungsabsicht, der immanente Teleologie des Gesetzes selbst voraus. Es ist also zu untersuchen, ob nach dem Regelungszweck des KSchG der Arbeitnehmer seinen Arbeitsplatz auch dann behalten soll, wenn bei einer an sich wirksamen Kündigung der Kündigungsgrund nachträglich entfällt und die Nichtregelung dieser Frage mithin als planwidrige Unvollständigkeit des Gesetzes angesehen werden kann.

---

244 Vgl. Wank, Grenzen richterlicher Rechtsfortbildung, S. 73 f.

245 Larenz/Canaris, Methodenlehre, S. 245 f.

246 Raab, RdA 2000, 147, (152), wobei die Rechtsfortbildung der Verwirklichung der Wertentscheidungen des KSchG dienen soll, es sich also der Sache nach um eine gesetzesimmanente Rechtsfortbildung im Sprachgebrauch von Larenz/Canaris handelt; zustimmend: Kort, SAE 2001, 131, (134); KR-Etzel, § 1 KSchG, Rn. 729

247 Nicolai/Noak, ZfA 2000, 87, (90, 96) lehnen eine gesetzesimmanente Rechtsfortbildung ab und halten eine gesetzesübersteigende Rechtsfortbildung nur in Ausnahmefällen für zulässig.

(1) Kein beredtes Schweigen des Gesetzes

Keine Lücke liegt bei beredtem Schweigen des Gesetzes vor, d. h. wenn der Gesetzgeber eine Bestimmung, die ihm im Prinzip nicht unbekannt war, mit Absicht nicht in das Gesetz aufgenommen hat, weil er sie nicht zulassen wollte.[248]

Aus den Gesetzesmaterialien ergeben sich keine Anhaltspunkte dafür, dass der Gesetzgeber eine Prognosekorrektur nach wirksamer Kündigung aufgrund der Nichtregelung bewusst ausschließen wollte.[249] Zwar hat die Frage eines Wiedereinstellungsanspruchs von Arbeitnehmern nach wirksamer Kündigung bereits in den 30er Jahren zu Kontroversen in Rechtsprechung und Literatur geführt [250] und ist später wieder anhand der Entnazifizierungsfälle relevant geworden,[251] jedoch handelte es sich dabei jeweils um historische Ausnahmesituationen, die anscheinend nicht genügend Anlass für eine allgemeine Klärung der Frage eines eventuellen Wiedereinstellungsanspruchs entlassener Arbeitnehmer boten. Obwohl ein Wiedereinstellungsanspruch Entnazifizierter vereinzelt landesgesetzlich nach Kriegsende ausdrücklich geregelt wurde[252], lässt sich, da es um Sonderfälle geht, aus der fehlenden Normierung im KSchG nicht auf eine generelle Entscheidung des Gesetzgebers gegen die Anerkennung eines

248 Röhl, Allg. Rechtslehre, S. 651; Rüthers, Rechtstheorie, Rn. 838; Larenz/Canaris, Methodenlehre, S. 191

249 Begr. z. Reg.-Entwurf d. KSchG, RdA 1951, 61 ff.; Beratungen d. BT z. Entwurf d. KSchG, BT-133. Sitz. S. 5120 C, BT-156. Sitz. S. 6210 A, BT-159. Sitz. S. 6357 B; Mündl. Bericht d. Ausschusses f. Arbeit, BT-Drucks. 1. Wahlperiode Nr. 2384

250 Einen Wiedereinstellungsanspruch bejahend: ArbG Gelsenkirchen v. 10.10.1934, ARS 23 Nr. 6; ArbG Hindenburg v. 30.11.1937, ARS 31 Nr. 3; LAG Dortmund v. 18.06.1937, ARS 30 Nr. 6; im Einzelfall Lehmann, Entwicklung und Inhalt der Fürsorgepflicht des Unternehmers, S. 110
Ablehnend: LAG Duisburg v. 08.04.1937, ARS 30 Nr. 32 mit zustimmender Anm. Mansfeld

251 LAG Hamburg v. 19.04.1949, BB 1949, 372 sowie v. 14.05.1949, RdA 1950, 113 f.; LAG München v. 22.06.1949, RdA 1950, 116 f.; LAG Stuttgart v. 01.09.1950, AP 51 Nr. 14; grundsätzlich zum Wiedereinstellungsanspruch entnazifizierter Arbeitnehmer: Reinhardt, RdA 1950, 85 ff.; Hilger, BB 1949, 471 f.

252 Vgl. § 48 des schleswig- holsteinischen Gesetzes zur Fortführung und zum Abschluss der Entnazifizierung vom 10.02.1948, GVBl. Schleswig- Holstein 1948, S. 33 ff.

Wiedereinstellungsanspruchs schließen.[253] Gleiches gilt für den in § 21 Abs. 6 SchwbG vorgesehenen Wiedereinstellungsanspruch Schwerbehinderter, denen lediglich aus Anlass eines Streiks oder einer Aussperrung fristlos gekündigt worden ist.[254] Diese dem §13 Abs. 3 SchwbG von 1923 bzw. dem § 19 Abs. 5 SchwbG von 1953 entsprechende Vorschrift schützt die besonderen Interessen Schwerbehinderter bei Arbeitskämpfen und betrifft damit überdies nicht die Situation einer Prognoseänderung nach Kündigungszugang.

Teilweise wird das Vorliegen einer Regelungslücke im Hinblick darauf bezweifelt, dass maßgeblicher Beurteilungszeitpunkt für die Wirksamkeit einer Kündigung der Zugang der Kündigungserklärung sei.[255] Dem ist entgegenzuhalten, dass – wie oben dargelegt[256] – sich dieser Beurteilungszeitpunkt gerade nicht zwingend aus der Konzeption des KSchG ergibt. Folglich ist auch insoweit nicht davon auszugehen, dass ein Wiedereinstellungsanspruch dem Plan des KSchG widerspricht.

Aus dem Schweigen des Gesetzgebers bzgl. der Frage eines Wiedereinstellungsanspruchs gekündigter Arbeitnehmer nach Wegfall des Kündigungsgrundes lässt sich daher kein Rückschluss auf die Versagung eines solchen Anspruchs ziehen.

(2) Regelungszweck des KSchG

Damit ist zu untersuchen, ob sich die Notwendigkeit einer Prognosekorrektur nach wirksamer Kündigung aus der Regelungsabsicht des KSchG ergibt.

(a) Zukunftsbezogenheit der Kündigungsgründe

Oben wurde bereits die grundsätzliche Erforderlichkeit einer Prognosekorrektur mit der Begründung bejaht, auf diese Weise der Zukunftsbezogenheit der Kündigungsgründe im Nachhinein noch Rechnung tragen zu

---

253 Ebenso Hambitzer, Wiedereinstellungsanspruch, S. 55 f.

254 Vgl. Hambitzer, Wiedereinstellungsanspruch, S. 55 f.; ebenso Otto, Anm. zu BAG v. 28.6.2000, AP Nr. 6 zu § 1 KSchG 1969 Wiedereinstellung; a. A. Oetker, ZIP 2000, 643, (646)

255 Otto, Anm. zu BAG v. 28.6.2000, AP Nr. 6 zu § 1 KSchG 1969 Wiedereinstellung; Kort, SAE 2001, 131, (134)

256 Unter VI. 2. e), S. 25 ff.

können. Die Prognosekorrektur diente danach als Ausgleich für die aus Rechtssicherheitsgründen im Rahmen des Tatbestandes der Kündigung auf eine Arbeitgeberprognose beschränkte Berücksichtigung der zukünftigen Entwicklung. Da die Zukunftsbezogenheit der Kündigungsgründe im KSchG ihren Niederschlag im Wortlaut des § 1 II S. 1, 2 KSchG gefunden hat, ergibt sich daraus ein Anhaltspunkt für die Notwendigkeit einer Prognosekorrektur.

(b) Bestandsschutz

Nach einer Ansicht in der Literatur soll der Wiedereinstellungsanspruch des Arbeitnehmers bei nachträglichem Wegfall des Kündigungsgrundes der Verwirklichung des im KSchG angelegten Bestandsschutzgedankens dienen mit der Folge, dass sich dieser Anspruch als systemimmanente Rechtsfortbildung legitimieren lasse, weshalb es eines Rückgriffs auf weitere Rechtsgrundlagen außerhalb des KSchG nicht bedürfe.[257] Auch das BAG hat sich in seinen jüngeren Entscheidungen dahingehend geäußert, dass der Wiedereinstellungsanspruch den in § 1 KSchG geregelten Bestandsschutz sicherstellen soll, ohne daraus allerdings Konsequenzen für die dogmatische Herleitung des Wiedereinstellungsanspruchs zu ziehen.[258]

Fraglich ist demnach, ob sich die Prognosekorrektur im Hinblick auf den im KSchG angelegten Bestandsschutzgedanken als gesetzesimmanente Rechtsfortbildung einordnen lässt.

(aa) Bestandsschutz als Regelungsziel des KSchG

Nach dem KSchG kann das Arbeitsverhältnis vom Arbeitgeber nur bei Vorliegen bestimmter Gründe ordentlich gekündigt werden.

Damit wird zum einen dem Prinzip der Kündigungsfreiheit Rechnung getragen, indem die ordentliche Kündigung grundsätzlich als zulässig er-

---

257 Raab, RdA 2000, 147, (151 f.); zustimmend: Kort, SAE 2001, 131, (134); KR-Etzel, § 1 KSchG, Rn. 729

258 BAG v. 04.12.1997, EzA § 1 KSchG Wiedereinstellungsanspruch Nr. 3; BAG v. 02.12.1999, AP Nr. 45 zu § 1 KSchG 1969 Soziale Auswahl; ebenso schon BAG v. 27.02.1997, EzA § 1 KSchG Wiedereinstellungsanspruch Nr.1, wo zur Begründung des Wiedereinstellungsanspruchs unter anderem auf den Schutzzweck des § 1 KSchG abgestellt wird.

achtet wird,[259] andererseits sichert das Gesetz den Bestandsschutz des Arbeitsverhältnisses, indem der Arbeitgeber dem Arbeitnehmer seinen Arbeitsplatz nicht beliebig entziehen kann.[260]

Umfang und Reichweite des Bestandsschutzes sowie das Verhältnis von Kündigungsfreiheit und Bestandsschutz zueinander sind allerdings im einzelnen umstritten.[261] Auszugehen ist im Rahmen der vorliegenden Fragestellung nach einer gesetzesimmanenten Rechtsfortbildung von den Regelungszielen des Gesetzgebers. Schutzgut des KSchG sind ausweislich der Begründung zum Regierungsentwurf des KSchG der Arbeitsplatz und die Betriebszugehörigkeit des Arbeitnehmers als Grundlagen seiner wirtschaftlichen und sozialen Existenz.[262] Dabei wendet sich das Gesetz nicht gegen Entlassungen, die „aus triftigen Gründen erforderlich sind, sondern lediglich gegen solche Kündigungen, die hinreichender Begründung entbehren und deshalb als eine willkürliche Durchschneidung des Bandes der Betriebszugehörigkeit erscheinen."[263] Das KSchG bezweckt also den Erhalt des Arbeitsplatzes in Form eines Schutzes vor seinem grundlosen Verlust.[264] In diesen Grenzen lässt sich mithin von einem Bestandsschutz des Arbeitsverhältnisses als Regelungszweck des KSchG sprechen. Ausgehend von diesem inhaltlichen Verständnis des Bestandsschutzes stellt sich die Frage nach seiner zeitlichen Reichweite.

Wenn Bestandsschutz den Schutz vor dem grundlosen Verlust des Arbeitsplatzes meint, liegt es nahe anzunehmen, dass ein Kündigungsgrund zum Zeitpunkt des tatsächlichen Verlustes des Arbeitsplatzes vorliegen muss. Bei der ordentlichen Kündigung besteht das Arbeitsverhältnis rechtmäßig bis zum Ablauf der Kündigungsfrist fort. Erscheint die Beendigung des Arbeitsverhältnisses zum Zeitpunkt des Ablaufs der

259 Hueck, RdA 1950, 65, (66) zum Hattenheimer Entwurf des KSchG, auf dem das KSchG von 1951 basiert.

260 Löwisch, KSchG, Vorbemerkungen zu § 1, Rn. 1

261 Siehe dazu näher Gentges, Prognoseprobleme, S. 65 ff.; Preis, Prinzipien, S. 52 ff., 117 ff.

262 Begr. z. Entwurf d. KSchG, RdA 1951, 61, (63)

263 Begr. z. Entwurf d. KSchG, RdA 1951, 61, (63)

264 Zumindest insoweit offenbar noch einhellige Meinung, siehe: Löwisch, KSchG, Vorbemerkungen zu § 1, Rn. 1 ff.; Reuter, in: FS 25 Jahre BAG, 405, (424); Gentges, Prognoseprobleme, S. 66 f.; zu der umstrittenen Frage, ob das KSchG lediglich den Schutz vor dem willkürlichen Entzug des Arbeitsplatzes bezweckt oder der Arbeitsplatz nur verloren gehen soll, wenn dies unvermeidbar ist, vgl. Preis, Prinzipien, S. 124 f.

Kündigungsfrist nicht mehr notwendig, weil der Kündigungsgrund inzwischen entfallen ist, würde der Schutzzweck des KSchG an sich den Erhalt des Arbeitsplatzes gebieten. Andernfalls müsste man davon ausgehen, dass das Gesetz nicht vor dem grundlosen Verlust des Arbeitsplatzes, sondern nur vor unbegründeten Kündigungen schützen will. Dagegen spricht aber, dass Schutzgut des KSchG der Arbeitsplatz als Grundlage der wirtschaftlichen und sozialen Existenz des Arbeitnehmers ist. Die gesetzlich vorgesehenen Kündigungsbeschränkungen dienen nur als Instrument zur Verwirklichung dieses Schutzes. Daher würde der Zweck des KSchG an sich das Vorhandensein eines Kündigungsgrundes zum Zeitpunkt der tatsächlichen Beendigung des Arbeitsverhältnisses verlangen.

(bb) Kollidierende Prinzipien

Jedoch darf das Prinzip des Bestandsschutzes im KSchG nicht isoliert betrachtet werden, sondern ist in Konkurrenz mit anderen schützenswerten Prinzipien zu sehen, so dass sich die konkrete Reichweite des Bestandsschutzes letztlich erst aus einer Abwägung der widerstreitenden Prinzipien ergibt.[265]

(aaa) Rechtssicherheit

Als kollidierendes Prinzip kommt zunächst der Grundsatz der Rechtssicherheit in Betracht.[266] Wie oben gesehen wurde aus Rechtssicherheitsgründen als Zeitpunkt für die Beurteilung der Wirksamkeit der Kündigung der Zugang gewählt, so dass entgegen dem vom KSchG bezweckten Bestandsschutz ein Wegfall des Kündigungsgrundes bis zum Ablauf der Kündigungsfrist nicht mehr im Rahmen der Beurteilung der Wirksamkeit der Kündigung Berücksichtigung finden kann. Das führt zu der Frage, ob der Bestandsschutz des Arbeitsverhältnisses nur im Rahmen der Prüfung der Voraussetzungen für die Wirksamkeit einer Kündigung zu beachten ist, folglich mit der Festlegung des Beurteilungszeitpunkts auf den Zugang eine abschließende Abwägung zugunsten der Rechtssicherheit verbunden ist. Zu dieser Ansicht könnte man mit der Begründung gelangen,

---

265 Vgl. Gentges, Prognoseprobleme, S. 58
266 Raab, RdA 2000, 147, (152)

dass der Regelungsumfang des KSchG auf die Frage der Wirksamkeit der Kündigung beschränkt ist. Diese Sichtweise würde allerdings am Regelungszweck des KSchG vorbeigehen, wonach der Arbeitnehmer vor dem grundlosen Verlust seines Arbeitsplatzes zu schützen ist. Die Anforderungen an die Wirksamkeit einer Kündigung dienen diesem Zweck. Lässt sich der bezweckte Bestandsschutz aber mit dem gesetzlich vorgesehenen Mittel einer unwirksamen Kündigung nicht erreichen, da aus Rechtssicherheitsgründen für die Frage der Wirksamkeit der Kündigung und damit für das Vorliegen eines Kündigungsgrundes auf den Zeitpunkt des Zugangs der Kündigungserklärung abgestellt wurde, ist zunächst nicht ersichtlich, weshalb dem Bestandsschutzgedanken nicht unabhängig von der Frage der Wirksamkeit der Kündigung Rechnung getragen werden sollte.

Der Regelungszweck des KSchG würde, wie gesehen, eine Berücksichtigung des Wegfalls des Kündigungsgrundes bis zum Ablauf der Kündigungsfrist gebieten und daher auch für die Notwendigkeit einer Prognosekorrektur nach wirksamer Kündigung mit dem Ziel des Erhalts des Arbeitsplatzes sprechen. Einer solchen Prognosekorrektur könnte allerdings wiederum der Grundsatz der Rechtssicherheit entgegenstehen.

Das BAG hatte in einer älteren Entscheidung die Unvereinbarkeit eines Wiedereinstellungsanspruchs des Arbeitnehmers nach wirksamer betriebsbedingter Kündigung mit der gesetzgeberischen Wertentscheidung der §§ 4, 5 und 7 KSchG erwogen.[267] So könnte die Möglichkeit einer Prognosekorrektur bis zum Ablauf der Kündigungsfrist der dreiwöchigen Klagefrist des § 4 S. 1 KSchG entgegenstehen.

Formal ergibt sich daraus jedoch dann kein Wertungswiderspruch, wenn man davon ausgeht, dass die Prognosekoretur die Wirksamkeit der Kündigung unberührt lässt, also nur zu einer Neueinstellung des Arbeitnehmers führt. Die auf die Neueinstellung gerichtete Klage des Arbeitnehmers wäre dann im Hinblick auf den Streitgegenstand verschieden gegenüber der auf die Feststellung der Unwirksamkeit der Kündigung gerichteten Kündigungsschutzklage.[268] Folglich wäre der Arbeitnehmer zur Sicherung seines Anspruchs auf erneute Einstellung nicht an die Frist des § 4 KSchG gebunden.[269]

---

267 BAG v. 21.02.1985, DB 1985, 1746

268 Bram/Rühl, NZA 1990, 753, (755); Hambitzer, Wiedereinstellungsanspruch, S. 80

269 MüKo/Schwerdtner, § 622 Anh. BGB, Rn. 260

Aber auch in materieller Hinsicht ist kein Wertungswiderspruch ersichtlich. Zweck der §§ 4, 7 KSchG ist es, den Arbeitsvertragsparteien möglichst bald Gewissheit über die Sozialwidrigkeit der Kündigung und damit über das Ende oder den Fortbestand des Arbeitsverhältnisses zu verschaffen.[270] Dass es sich dabei nur um eine relative Gewissheit handelt, zeigt aber bereits die fortbestehende Angreifbarkeit der Kündigung wegen sonstiger Unwirksamkeitsgründe i. S. v. § 13 III KSchG.[271]

Dennoch ist zu bedenken, dass die Arbeitsvertragsparteien nach einer wirksamen Kündigung grundsätzlich von der endgültigen Beendigung des Arbeitsverhältnisses ausgehen und dementsprechend disponieren können. Die durch die Regelung der Klagefrist erstrebte Rechtssicherheit im Hinblick auf den Fortbestand des Arbeitsverhältnisses dient also der Sicherung der Dispositionsfreiheit der Arbeitsvertragsparteien.[272] Dem steht die Möglichkeit einer Prognosekorrektur mit dem Ziel des Erhalts des Arbeitsplatzes nach wirksamer Kündigung jedoch nicht unbedingt entgegen. Sofern das Arbeitsverhältnis bei einem Wegfall des Kündigungsgrundes bis zum Ablauf der Kündigungsfrist nicht automatisch, also unabhängig vom Parteiwillen, fortgesetzt würde, sondern nur auf Antrag des Arbeitnehmers und im Rahmen der Zumutbarkeit für den Arbeitgeber, d. h. wenn dieser noch keine anderweitigen Dispositionen getroffen hat, dann würde die Dispositionsfreiheit der Parteien und damit die Rechtssicherheit nicht beeinträchtigt.[273]

Der Grundsatz der Rechtssicherheit verbietet somit nicht generell eine Prognosekorrektur nach wirksamer Kündigung, sondern gibt nur den Rahmen für deren inhaltliche Reichweite vor.

(bbb) Vertragsfreiheit des Arbeitgebers

Einer Prognosekorrektur nach wirksamer Kündigung, die den Arbeitgeber zu einer Wiedereinstellung des Arbeitnehmers verpflichtet, steht allerdings das durch Art. 2 I GG bzw. Art. 12 I GG geschützte Interesse des Arbeitgebers entgegen, nicht zu einem Vertrag mit einem Arbeitnehmer

270 KR-Friedrich, § 4 KSchG, Rn. 10; Hohmeister, ZRP 1994, 141
271 Bram/Rühl, NZA 1990, 753, (755)
272 Bram/Rühl, NZA 1990, 753, (755)
273 Im Ergebnis ebenso Bram/Rühl, NZA 1990, 753, (755)

gezwungen zu werden, den er nicht weiterbeschäftigen will.[274] Der Eingriff in die Abschlussfreiheit des Arbeitgebers bedarf daher einer besonderen Legitimation.[275] Diese ergibt sich, wie gesehen, aus dem Regelungszweck des KSchG, wonach der Arbeitnehmer vor dem grundlosen Verlust seines Arbeitsplatzes zu schützen ist, was grundsätzlich eine Berücksichtigung des Wegfalls des Kündigungsgrundes bis zum Ablauf der Kündigungsfrist gebietet. Das KSchG stellt dabei eine Konkretisierung des durch Art. 12 I GG geschützten Interesses des Arbeitnehmers an der Erhaltung seines Arbeitsplatzes dar.[276] Da sich eine Prognosekorrektur nach wirksamer Kündigung zwar im Rahmen des Regelungszwecks des KSchG hält, jedoch über den Gesetzeswortlaut hinausgeht, sind die beiden kollidierenden Grundrechtspositionen im Sinne praktischer Konkordanz unter Berücksichtigung der beiderseitigen Interessen gegeneinander abzuwägen.[277] Daraus ergibt sich, dass die Prognosekorrektur nicht zu einer unverhältnismäßigen Beeinträchtigung der Abschlussfreiheit des Arbeitgebers führen darf. Eine solche wäre beispielsweise anzunehmen, wenn der Arbeitgeber den Arbeitsplatz bereits anderweitig besetzt hat. Somit steht die Prognosekorrektur schon aus verfassungsrechtlichen Gründen unter dem Vorbehalt, dass die Begründung des Arbeitsverhältnisses für den Arbeitgeber zumutbar ist.[278]

Mit dieser Maßgabe wäre die Einschränkung der Vertragsfreiheit des Arbeitgebers aber gleichzeitig angemessen, so dass die Abschlussfreiheit des Arbeitgebers einer Prognosekorrektur nicht generell entgegensteht.

(ccc) Schutz der Arbeitssuchenden

Eine Prognosekorrektur mit dem Ziel, einem wirksam gekündigten Arbeitnehmer seinen Arbeitsplatz zu erhalten, vermindert auf der anderen Seite die Einstellungschancen der Arbeitssuchenden und berührt daher

274 BAG v. 28.06.2000, ZIP 2000, 1781, (1784); BVerfG v. 27.01.1998, BVerGE 97, 169, unter B. I. 3. a); Oetker, ZIP 2000, 643, (644); Gentges, Prognoseprobleme, S. 356;

275 Gentges, Prognoseprobleme, S. 356; Oekter, ZIP 2000, 643, (645)

276 BVerfG v.27.01.1998, BVerfGE 97, 169, (175 f.); Oekter, RdA 1997, 9, (15 f.); Lakies, DB 1997, 1078, (1079); KR-Etzel, § 1 KSchG, Rn. 19

277 Vgl. BAG v. 28.06.2000, ZIP 2000, 1781, (1784)

278 Oekter, ZIP 2000, 643, (645); Hergenröder, Anm. zu BAG v. 04.12.1997, EzA § 1 KSchG Wiedereinstellungsanspruch Nr. 3, unter II. 1. b)

deren Grundrecht auf freie Wahl des Arbeitsplatzes gem. Art. 12 GG.[279] Die Einbeziehung der Interessen Arbeitssuchender in kündigungsrechtliche Fragen ist allerdings umstritten.[280]

Unabhängig von der Entscheidung dieser Streitfrage statuiert das KSchG für seinen Regelungsbereich jedenfalls den Vorrang der Arbeitsplatzbesitzer gegenüber außenstehenden Bewerbern.[281] Da hier die Notwendigkeit einer Prognosekorrektur nach wirksamer Kündigung aus dem Regelungszweck des KSchG abgeleitet wurde, ist diese gesetzlich verankerte Interessenbewertung zu respektieren. Das KSchG will die Arbeitnehmer während des Bestandes des Arbeitsverhältnisses vor grundlosen Entlassungen schützen. In diesem Rahmen sind also nach der gesetzliche Wertentscheidung die Arbeitsplatzinhaber gegenüber den Arbeitssuchenden privilegiert. Folglich können die Interessen der Arbeitssuchenden einer Verwirklichung dieses Schutzzwecks durch eine Prognosekorrektur nicht entgegenstehen.

Die Abwägung mit den kollidierende Prinzipien der Rechtssicherheit und der Vertragsfreiheit des Arbeitgebers hat gezeigt, dass diese eine Prognosekorrektur nach wirksamer Kündigung nicht grundsätzlich ausschließen, sondern nur deren Grenzen festlegen.

Zusammenfassend ergibt sich daraus folgendes:

Der Regelungszweck des KSchG gebietet eine Berücksichtigung des Wegfalls des Kündigungsgrundes bis zum Ablauf der Kündigungsfrist. Gleichzeitig verlangt die Rechtssicherheit, für die Beurteilung der Wirksamkeit einer Kündigung allein auf das Vorliegen eines Kündigungsgrundes zum Zeitpunkt des Zugangs der Kündigungserklärung abzustellen. Der beabsichtigte Bestandsschutz lässt sich also mit den gesetzlich vorgesehenen Mitteln nicht vollständig erreichen. Das KSchG ist somit

---

279 Kaiser, ZfA 2000, 205, (230 f.); Nicolai/Noak, ZfA 2000, 87, (100); allgemein: Reuter, ORDO 33 (1982), 165, (180 f.; 186 ff.); ders., RdA 1973, 345, (353); Schwerdtner, ZfA 1977, 47, (79)

280 Ablehnend: BAG v. 13.03.1987, AP Nr. 37 zu § 1 KSchG 1969 Betriebsbedingte Kündigung, unter III. 2. a); Preis, Prinzipien, S. 117 ff., 126; Floretta, in: FS f. Sir Otto Kahn-Freund, 1980, 433, (439 ff.); v. Sebut, Der soziale Schutz als Regelungsproblem des Vertragsrechts, S. 54, 310 ff.;
Befürwortend: MünchHdb. ArbR II/Berkowsky, § 131, Rn. 48; Reuter, ORDO 33 (1982), 165, (180 f., 186 ff.); Schwerdtner, ZfA 1977, 47, (76 ff.)

281 MünchHdb. ArbR II/Berkowsky, § 131, Rn. 38; Kaiser, ZfA 2000, 205, (231); Schwedtner, ZfA 1977, 47, (77)

gemessen an seinem eigenen Regelungsplan unvollständig. Kollidierende Prinzipien verbieten es anderseits nicht, einem Wegfall des Kündigungsgrundes nach wirksamer Kündigung noch Rechnung zu tragen.

Somit lässt sich die Notwendigkeit einer Prognosekorrektur nach wirksamer Kündigung im Wege einer gesetzesimmanenten Rechtsfortbildung aus dem Regelungszweck des KSchG herleiten.

Dabei ist das Erfordernis einer Prognosekorrektur bisher nur für die Fälle eines Wegfalls des Kündigungsgrundes bis zum Ablauf der Kündigungsfrist bejaht worden. Fraglich ist, ob sich dem Regelungszweck des KSchG auch ein darüber hinaus gehender Bestandsschutz entnehmen lässt.

Der Regelungszweck des KSchG ist als Schutz vor dem grundlosen Verlust des Arbeitsverhältnisses definiert worden. Ein solcher Schutz ist schon begrifflich nur so lange möglich, wie das Arbeitsverhältnis tatsächlich noch besteht. Andernfalls müsste das KSchG ein allgemeines Recht des Arbeitnehmers auf Beibehaltung seines Arbeitsplatzes regeln wollen. Für eine solche Regelungsabsicht bestehen aber keine Anhaltspunkte. Zwar ist in der Begründung zum Regierungsentwurf des KSchG der Arbeitsplatz als Grundlage der wirtschaftlichen und sozialen Existenz des Arbeitnehmers ausdrücklich zum Schutzgut des KSchG erklärt worden, jedoch nur im Zusammenhang mit dem Zweck des Schutzes vor grundlosen Kündigungen.[282] Folglich lässt sich ein Bestandsschutz über den tatsächlichen Bestand des Arbeitsverhältnisses hinaus dem Regelungszweck des KSchG nicht entnehmen. Daher kann eine Prognosekorrektur nach wirksamer Kündigung nur bei einem Wegfall des Kündigungsgrundes bis zum Ablauf der Kündigungsfrist aus dem Schutzzweck des KSchG abgeleitet werden.[283]

Eine Ausnahme ist allerdings für die Verdachtskündigung zu machen. Die Anerkennung eines subjektiven Kündigungsgrundes im Rahmen der Verdachtskündigung führt dazu, dass bei einer sich nach Ablauf der Kündigungsfrist herausstellenden Unschuld des Arbeitnehmers, dieser seinen Arbeitsplatz verloren hat, obwohl von vornherein kein objektiver Grund dafür vorlag. Vor dem Hintergrund des Regelungszwecks des KSchG, den Arbeitnehmer vor einem grundlosen Arbeitsplatzverlust zu schützen, erscheint es daher naheliegend, im Sonderfall der Verdachts-

282 Vgl. Begr. z. Reg.-Entwurf d. KSchG, RdA 1951, 61, (63)
283 Im Ergebnis ebenso Raab, RdA 2000, 147, (155)

kündigung ausnahmsweise einen Wegfall des Kündigungsgrundes auch noch nach Ablauf der Kündigungsfrist zu beachten.

(3) Lückenschließung

Nachdem im Hinblick auf die Durchführung des Bestandsschutzes eine Lücke im KSchG festgestellt wurde, schließt sich die Lückenausfüllung an. Bei der Rechtsfortbildung aufgrund eines allgemeinen Prinzips, wie hier des Bestandsschutzgedankens, besteht die Schwierigkeit der Lückenausfüllung darin, dass das bereits zur Lückenfeststellung verwandte Prinzip zwar auch für die Ausfüllung die Richtung weist, jedoch noch keine genaue Rechtsfolgenbestimmung enthält.[284] Die somit erforderliche Konkretisierung der Rechtsfolge erfolgt, indem zwischen mehreren, dem Prinzip gleichmäßig genügenden Möglichkeiten gewählt wird.[285] Für die richtige Auswahl sind im Wesentlichen die dogmatische Einordnung des Prinzips sowie die Abstimmung mit den Wertungen und Einzelbestimmungen des positiven Rechts entscheidend.[286] Damit ist zunächst nach verschiedenen Möglichkeiten zu suchen, wie dem im KSchG angelegten Bestandsschutzprinzip in ausreichendem Maße entsprochen werden kann.

Der vom KSchG bezweckte Bestandsschutz gebietet, wie gesehen, eine Berücksichtigung des Wegfalls des Kündigungsgrundes bis zum Ablauf der Kündigungsfrist. Die dazu erforderliche Prognosekorrektur kann sowohl auf der Ebene des Tatbestandes der Kündigung sowie nachträglich erfolgen.[287] Eine Prognosekorrektur auf der Ebene des Tatbestandes der Kündigung ist z.B. dadurch möglich, dass ein mit der Kündigung verbundenes durch den nachträglichen Wegfall des Kündigungsgrundes bedingtes Wiedereinstellungs- oder Rüchnahmeversprechen zur generellen Wirksamkeitsvoraussetzung einer Kündigung erhoben wird.

284 Canaris, Die Feststellung von Lücken im Gesetz, S. 160 ff.; Bydlinski, Juristische Methodenlehre, S. 481 ff.

285 Bydlinski, Juristische Methodenlehre, S. 485 f.

286 Canaris, Die Feststellung von Lücken im Gesetz, S. 170 f.

287 Vgl. Gentges, S. 300 f., 342, 354

(a) Unbedingte Kündigung verbunden mit bedingtem Wiedereinstellungsangebot[288]

Für die besonderen Fallgruppen einer saison- oder kampagnebedingten Kündigung[289], einer Verdachtskündigung[290] sowie einer Kündigung aufgrund nur vorübergehender Betriebsstilllegung oder Betriebseinschränkung[291] ist der Vorschlag eines bedingten Wiedereinstellungsanspruchs als Voraussetzung für die Kündigungsberechtigung des Arbeitgebers bereits gemacht worden.

Begründet wird diese Ansicht mit dem Bestandsschutzgedanken sowie dem Verhältnismäßigkeitsgrundsatz. Die Kündigung verbunden mit einem bedingten Wiedereinstellungsangebot stelle für den Arbeitnehmer eine mildere Maßnahme dar als die Kündigung ohne ein solches Angebot.

Diese Argumentation spräche allerdings für die Erforderlichkeit eines bedingten Wiedereinstellungsangebots als Wirksamkeitsvoraussetzung aller Kündigungen.[292] Unabhängig von der streitigen Frage der Möglichkeit und Reichweite einer Anwendung des Verhältnismäßigkeitsgrundsatzes im Kündigungsschutzrecht[293] ließe sich eine solche Konstruktion aber wie oben gezeigt[294] auch allein mit dem Bestandsschutzprinzip rechtfertigen. Fraglich ist jedoch, ob das Institut eines bedingten Wiedereinstellungsangebots als ungeschriebene Wirksamkeitsvoraussetzung jeder Kündigung mit dem geltenden System des Kündigungsschutzrechts im Einklang stünde.

Zunächst käme ein Widerspruch zu dem von der herrschenden Meinung anerkannten Prognoseprinzip in Betracht. Auf der einen Seite wird

---

288 Zu dieser Möglichkeit der Prognosekorrektur vgl. auch Gentges, S. 325 ff.

289 Lewerenz/Wolterek/Wehleit, AR- Blattei [D], Saisonarbeit I, unter B. IV. 6.

290 Emmermann, Die Nachwirkungen des Arbeitsverhältnisses, S. 126 f., Gamillscheg, ArbR I, S. 433; v. Stein, Fehleinschätzungen, S. 145 ff., der bei einem Wegfall des Kündigungsgrundes bis zum Ablauf der Kündigungsfrist allerdings von einer Rücknahmevereinbarung ausgeht und erst danach von einer Wiedereinstellung

291 Hanau/Adomeit, ArbeitsR, 11. Aufl, H. III. 4. b), S. 225; Preis, DB 1988, 1387, (1393)

292 Hambitzer, Wiedereinstellungsanspruch, S. 23; v. Stein, Fehleinschätzungen, S. 145; Hoffmanns, Nachwirkende Nebenplichten von Schuldverhältnissen, S. 195 f.

293 Vgl. Stückmann/Kohlepp, RdA 2000, 331 ff.; Preis, Prinzipien, S. 254 ff.; HK-Dorndorf, § 1 KSchG, Rn. 268 ff.

294 Unter VII. 2. b) cc) (2) (b), S. 55 ff.

vom Arbeitgeber eine Prognose bzgl. der fehlenden Weiterbeschäftigungsmöglichkeit des Arbeitnehmers nach Ablauf der Kündigungsfrist verlangt, andererseits soll er verpflichtet werden, bereits mit der Kündigung ein Wiedereinstellungsangebot für den entgegengesetzten Fall zu verbinden. Ein tatsächlicher Widerspruch ergibt sich daraus jedoch nur, wenn der Wegfall des Kündigungsgrundes und folglich die Änderung der Prognose allein von der Entscheidung des Arbeitgebers abhängt, beispielsweise bei einer Kündigung wegen Umgestaltung der Betriebsorganisation.[295] In einem solchen Fall würde der Arbeitgeber seine eigene Aussage zur unbedingten Planung und damit die Grundlage für seine Prognose durch das bedingte Angebot gerade in Zweifel ziehen.[296] Dagegen ist es für das Vorliegen einer endgültigen und ernsthaften Unternehmerentscheidung unschädlich, wenn sich der Unternehmer vorbehält, seinen Entschluss, beispielsweise zu einer Betriebsstilllegung, nicht zu verwirklichen, wenn sich die äußeren Umstände wider Erwarten günstiger entwickeln sollten als aufgrund der im Kündigungszeitpunkt angestellten Prognose anzunehmen war.[297] Ein grundsätzlicher Widerspruch zum Prognoseprinzip läge somit nicht vor.

Gegen die Postulierung eines bedingten Wiedereinstellungsangebots als generelle Wirksamkeitsvoraussetzung jeder Kündigung spricht aber, dass das KSchG den Schutz gegen sozial ungerechtfertigte Kündigungen für seinen Bereich grundsätzlich abschießend regeln wollte.[298] Damit wäre es kaum zu vereinbaren, wenn der Arbeitnehmer die Sozialwidrigkeit einer Kündigung mit der Begründung geltend machen könnte, der Arbeitgeber habe die Kündigung ohne ein gleichzeitiges Wiedereinstellungsangebot erklärt.[299] Hinzu kommt, dass die Annahme eines konkludenten Wiedereinstellungsangebots nur bei Vorliegen konkreter Anhaltspunkte gerechtfertigt ist. Es stieße daher auch auf Rechtssicherheitsbedenken, wenn sich eine so entscheidende, bei jeder Kündigung erforderliche Wirksamkeitsvoraussetzung nicht aus dem Gesetz entnehmen ließe.

---

295 Vgl. Gentges, Prognoseprobleme, S. 322 f.; 325

296 Vgl. Gentges, Prognoseprobleme, S. 323

297 Für den Fall einer Kündigung wegen beabsichtigter Betriebsstilllegung BAG v. 27.02.1987, DB 1987, 1896

298 Vgl. Begr. z. Reg.- Entw. d. KSchG v. 1951, BT- Drucks. I/2090, Anl. 1, S. 12; Mummenhoff, SAE 1985, Anm. zu BAG v. 15.03.1984, 305, (307)

299 So aber Emmermann, Die Nachwirkungen des Arbeitsverhältnisses, S. 127 und Lewerenz/Wolterek/Wehleit, AR- Blattei [D], Saisonarbeit I, unter B. IV. 6.

Gesetzessystematisch spricht außerdem die Regelung des § 20 II SchwbG gegen die Konstruktion einer Widereinstellungskündigung.[300] § 20 II SchwbG normiert eine Ausnahme vom besonderen Kündigungsschutz von Schwerbehinderten, falls der Schwerbehinderte einen Wiedereinstellungsanspruch hat. Wäre eine Wiedereinstellungsverpflichtung allgemeine Wirksamkeitsvoraussetzung jeder Kündigung, dann wäre diese Vorschrift völlig überflüssig.[301] Folglich sprechen positivrechtliche Wertungen gegen die Lückenausfüllung im Wege eines bedingten Wiedereinstellungsangebots als generelle Wirksamkeitsvoraussetzung einer Kündigung.

Allerdings könnte eine solche Konstruktion für besondere Fallgruppen, wie etwa die oben genannten, eine geeignete Form der Lückenschließung darstellen. Der saisonbedingten Kündigung, der Verdachtskündigung sowie der Kündigung wegen einer nur vorübergehenden Betriebsstilllegung bzw. - einschränkung ist die schon bei Ausspruch der Kündigung bestehende Wahrscheinlichkeit für eine sich später ergebende Weiterbeschäftigungsmöglichkeit des Arbeitnehmers gemeinsam. Daher ließe sich überlegen, ob in derartigen Fällen ein durch die erneut eintretende Beschäftigungsmöglichkeit bedingtes Wiedereinstellungsangebot des Arbeitgebers bereits zur Wirksamkeitsvoraussetzung für die Kündigung erhoben werden sollte.

Jedoch gehören die saisonbedingte Kündigung und die Kündigung wegen einer nur vorübergehenden Betriebsstilllegung nicht zum hier behandelten Problemkreis eines Wegfalls des Kündigungsgrundes während des Laufs der Kündigungsfrist. Vielmehr existiert in diesen Fällen nach Ablauf der Kündigungsfrist tatsächlich zunächst kein Beschäftigungsbedarf mehr für den Arbeitnehmer. Dieser soll nur vor einer willkürlichen Nichtwiedereinstellung zum Saisonbeginn bzw. bei erneuter Betriebsaufnahme geschützt werden.[302] Diese Fallgruppen bedürfen daher einer gesonderten Untersuchung und können im vorliegenden Zusammenhang außer Betracht bleiben.

---

300 Hambitzer, Wiedereinstellungsanspruch, S. 25 f.; v. Stein, Fehleinschätzungen, S. 146

301 Hambitzer, Wiedereinstellungsanspruch, S. 25 f.; v. Stein, Fehleinschätzungen, S. 146

302 Vgl. Lewerenz/Woltereck/Wehleit, AR- Blattei [D], Saisonarbeit I, B. IV. 6.

Bei der Verdachtskündigung kann sich dagegen das Problem einer Entkräftung des Verdachts während des Laufs der Kündigungsfrist stellen. Im Hinblick auf die besondere Schutzbedürftigkeit des Arbeitnehmers im Rahmen einer Verdachtskündigung und die naheliegende Möglichkeit, dass sich der Verdacht im Nachhinein als falsch erweist, ist es zumindest bedenkenswert, ob nicht bereits die Zulässigkeit einer solchen Kündigung von einem bedingten Wiedereinstellungsangebot abhängig gemacht werden sollte.

Das erschiene aber nur gerechtfertigt, wenn diese Lösung für den Arbeitnehmer tatsächlich mit Vorteilen verbunden wäre, die das einseitig zu seinen Lasten gehende Risiko einer falschen Verdächtigung weitgehend ausgleichen könnten. Ein Vorteil wird darin erblickt, dass der Wiedereinstellungsanspruch des Arbeitnehmers bei dieser Konzeption auf vertraglicher Grundlage und damit auf rechtlich gesichertem Boden stehe.[303] Dagegen spricht, dass es für die Durchsetzbarkeit des Wiedereinstellungsanspruchs letztlich keinen Unterschied macht, ob er auf eine vertragliche Grundlage oder auf allgemeine gesetzliche Prinzipien gestützt wird, sofern seine Existenz und sein Inhalt überhaupt dogmatisch hergeleitet werden können. Dabei ist zu beachten, dass das bedingte Wiedereinstellungsangebot als Wirksamkeitsvoraussetzung der Kündigung von seinen Befürwortern selbst nur mit Hilfe des Verhältnismäßigkeitsgrundsatzes sowie des Bestandsschutzgedankens begründet wurde. Damit führt die Konstruktion zwar im Ergebnis zu einer vertraglichen Anspruchsgrundlage, vermag aber im Hinblick auf die eigentliche Schwierigkeit einer dogmatischen Herleitung des Wiedereinstellungsanspruchs auch keine größere Rechtssicherheit zu geben. Inhaltlich soll der vertragliche Wiedereinstellungsanspruch ebenfalls durch das Vorhandensein eines freien Arbeitsplatzes begrenzt sein.[304] Im Ergebnis sind daher für den Arbeitnehmer durch diese Konstruktion keine Vorteile ersichtlich. Aufgrund der schon oben genannten allgemeinen Bedenken gegen die Einführung eines Wiedereinstellungsangebots als Wirksamkeitsvoraussetzung der Kündigung, ist daher auch für den Fall der Verdachtskündigung von einer solchen Lösung abzusehen.

---

303 v. Stein, Fehleinschätzungen, S. 152; Emmermann, Nachwirkungen des Arbeitsverhältnisses, S. 127

304 v. Stein, Fehleinschätzungen, S. 151; Emmermann, Nachwirkungen des Arbeitsverhältnisses, S. 127

(b) *Unbedingte Kündigung verbunden mit bedingtem Rücknahmeangebot*

Als weitere Möglichkeit einer Prognosekorrektur auf der Tatbestandsebene der Kündigung wird in der Literatur auf die Möglichkeit eines mit der Kündigung zu verbindenden bedingten Rücknahmeangebots als Wirksamkeitsvoraussetzung der Kündigung hingewiesen.[305] Da mit Zugang der Kündigung die Gestaltungswirkung unmittelbar herbeigeführt wird, kann der Kündigende die einmal erfolgte Kündigung nicht einseitig zurücknehmen. Zur Rücknahme der Kündigung bedarf es daher einer Vereinbarung zwischen Arbeitgeber und Arbeitnehmer.[306] Die Rücknahme unterscheidet sich von der Wiedereinstellung dadurch, dass bei letzterer ein neues Arbeitsverhältnis begründet wird, während die Rücknahmevereinbarung an das alte Arbeitsverhältnis anknüpft.[307] Das Angebot zur Rücknahme der Kündigung ist somit inhaltlich als Antrag zur unveränderten Fortsetzung des Arbeitsverhältnisses unter einvernehmlicher Beseitigung der Kündigungswirkungen aufzufassen, bei bereits abgelaufener Kündigungsfrist mit rückwirkender Kraft.[308]

Gegen ein Rücknahmeangebot bedingt durch den Wegfall des Kündigungsgrundes als Wirksamkeitsvoraussetzung der Kündigung sprechen aber im Ergebnis dieselben rechtlichen Erwägungen wie bei der Konstruktion über ein Wiedereinstellungsangebot. Daher ist auch diese Möglichkeit der Lückenschließung abzulehnen.

(c) *Versagung der Berufung auf die Wirksamkeit der Kündigung*

Teilweise wird vertreten, dass dem Arbeitgeber die Berufung auf die Wirksamkeit der Kündigung wegen Rechtsmissbrauch verwehrt sein soll.[309] Nach dieser Lösung kann der nachträgliche Wegfall des Kündi-

---

305 Siehe dazu Gentges, Prognoseprobleme, S. 319 ff.

306 Schaub, ArbR- Hdb., § 123, Rn. 37; KR-Friedrich, § 4 KSchG, Rn. 54 m. w. N.

307 Gentges, Prognoseprobleme, S. 321; v. Stein, RdA 1991, 85, (91)

308 BAG v. 17.04.1986, BB 1986, 2202, (2203); KR- Friedrich, § 4 KSchG, Rn. 55 ff.; Löwisch, KSchG, § 4, Rn. 82; Stahlhacke/Preis, Kündigung und Kündigungsschutz, Rn. 125

309 LAG Köln v. 10.01.1989, LAGE § 611 BGB Einstellungsanspruch Nr. 1; Wank, Anm. zu BAG v. 15.03.1984, AP Nr. 2 zu § 1 KSchG 1969 Soziale Auswahl, unter B. IV. 4.

gungsgrundes als Einwendung gegen die Kündigung geltend gemacht werden und ist damit bei der Entscheidung über den Kündigungsschutzantrag von Amts wegen zu berücksichtigen.[310] Zwar wurde vorliegend als dogmatischer Ansatzpunkt für die Weiterbeschäftigung des Arbeitnehmers bei Wegfall des Kündigungsgrundes nicht Rechtsmissbrauch, sondern die Wertentscheidung des KSchG, speziell der Bestandsschutzgedanke herangezogen, jedoch ist auch die Geltendmachung des Bestandsschutzes im Wege einer Einwendung gegen die Kündigung denkbar. Der Grund liegt darin, dass die Einwendung rechtsvernichtend auf das Kündigungsrecht des Arbeitgebers wirkt und dadurch gleichzeitig rechtserhaltende Funktion für den Arbeitnehmer erlangt, dessen Arbeitsverhältnis aufgrund dessen unverändert fortbesteht. Durch diese rechtserhaltende Wirkung der Einwendung für den Arbeitnehmer wird der Bestandsschutz in Form der Erhaltung des alten Arbeitsverhältnisses buchstäblich verwirklicht. Bedenken gegen eine solche Lösung ergeben sich aber aus der damit verbundenen Zuweisung des Prozessrisikos an den Arbeitgeber.[311] Dieser würde den Kündigungsschutzprozess trotz einer zum maßgeblichen Zeitpunkt rechtswirksamen Kündigung verlieren. Dadurch würde der Ausgang des Kündigungsschutzprozesses für den Arbeitgeber unkalkulierbar.

Um dieses Ergebnis zu vermeiden, wurde der Vorschlag gemacht bei einem nachträglichen Wegfall des Kündigungsgrundes den Rechtsstreit im Wege einer übereinstimmenden bzw. vom Kläger erklärten Erledigung der Hauptsache zu beenden.[312] Diese Lösung setzt aber voraus, dass der Arbeitgeber von sich aus im Kündigungsschutzprozess dem Arbeitnehmer die Fortsetzung des Arbeitsverhältnisses anträgt.[313]

Ein solches Vorgehen des Arbeitgebers ist jedoch unwahrscheinlich, da oftmals gerade das Vorliegen der Voraussetzungen für eine Fortsetzung des Arbeitsverhältnisses streitig sein dürfte. Eine Erledigungserklärung kann somit nicht weiterhelfen. Aufgrund der für den Arbeitgeber bestehenden Rechtsunsicherheit, ist daher die Lösung im Wege einer Einwendung gegen die wirksame Kündigung abzulehnen.

---

310 LAG Köln v.10.01.1989, LAGE § 611 BGB Einstellungsanspruch Nr. 1

311 Belling, RdA 1996, 223, (239); Otto, in: FS Kraft, 1998, 451, (474)

312 Mathern, NJW 1996, 818, (820 f.)

313 Mathern, NJW 1996, 818, (820 f.)

(d) Anspruch des Arbeitnehmers auf Rücknahme der Kündigung (Fortsetzungsanspruch)

Eine Möglichkeit der Prognosekorrektur, die über den Tatbestand und die Rechtsfolge der Kündigung hinausgreift und stattdessen einen neuen Tatbestand mit Rechtsfolge schafft, bietet die Verpflichtung des Arbeitgebers zur Rücknahme der Kündigung.[314] Dieser Vorschlag wurde insbesondere in der älteren Literatur und Rechtsprechung gemacht.[315] In der aktuellen Literatur findet ein Anspruch auf Rücknahme der Kündigung zumindest für den hier fraglichen Zeitraum eines Wegfalls des Kündigungsgrundes während des Laufs der Kündigungsfrist Befürworter.[316] Der Anspruch auf Rücknahme der Kündigung wird in Abgrenzung zur der Alternative eines Wiedereinstellungsanspruchs des Arbeitnehmers diskutiert, der auf den Abschluss eines neuen Arbeitsvertrages gerichtet ist.

War das Arbeitsverhältnis bei Wegfall des Kündigungsgrundes noch gar nicht beendet, erscheint es in der Tat sinnvoll, einen Anspruch des Arbeitnehmers auf nahtlose Fortsetzung des Arbeitsverhältnisses zu bejahen. Die Konstruktion einer Beendigung des Arbeitsverhältnisses durch Kündigung mit anschließender Wiedereinstellung wirkt hier gekünstelt.[317] Der Fortsetzungsanspruch lässt sich dogmatisch durch eine Rücknahmevereinbarung hinsichtlich der Kündigung realisieren.[318] Dem wird entgegengehalten, dass die Wirksamkeit der zum Zeitpunkt ihres Zugangs wirksamen Kündigung durch nachträglich eintretende Umstände nicht beeinflusst werde und daher die einmal zu Recht erfolgte Kündigung unangetastet bleiben sollte.[319] Dagegen lässt sich einwenden, dass die Rücknahmevereinbarung nicht die Wirksamkeit der ursprünglichen Kündigung in Frage stellt, sondern lediglich unter Beseitigung der Kündigungswirkungen zur einverständlichen Fortsetzung des Arbeitsverhält-

---

314 Vgl. Gentges, Prognoseprobleme, S. 319

315 Hueck/Nipperdey, ArbR Bd. I, § 64 IV 2., S. 643, Fn. 56; Nikisch, S. 767, Fn. 69; Hanau, FS 25 Jahre BAG, S. 169, (189); Schwerdtner, ZIP 1984, 10, (12); Auffahrt-Müller, KSchG, § 1, Rn. 231; LAG Düsseldorf, DB 1952, 700

316 Raab, RdA 2000, 147, (157); Berkowsky, in: Münch Hdb. ArbR II, § 134, Rn. 94

317 Raab, RdA 2000, 147, (157)

318 Raab, RdA 2000, 147, (157); Berkowsky, in: Münch Hdb. ArbR II, § 134, Rn. 94

319 v. Stein, RdA 1991, 85, (88)

nisses zu den alten Bedingungen führt.[320] Die Kündigung des Arbeitgebers wird also nur als unwirksam behandelt.[321]

Wenn die Kündigungsfrist bereits abgelaufen ist, erfolgt die Verlängerung des Arbeitsverhältnisses mit rückwirkender Kraft, falls keine abweichende Vereinbarung vorliegt.[322] Dementsprechend hat der Arbeitnehmer, sofern er nicht gearbeitet hat, für den Zeitraum zwischen Ablauf der Kündigungsfrist und dem Tag der Fortsetzungsvereinbarung einen Anspruch auf Annahmeverzugslohn gem. § 615 BGB.[323]

Zweifelhaft ist bereits, ob die Folge einer verschuldensunabhängigen Haftung des Arbeitgebers aus § 615 BGB sachgerecht ist.[324]

Davon abgesehen ist die Lösung über eine Rücknahme der Kündigung insofern problematisch als eine entsprechende Vereinbarung zu einer Fortsetzung des Arbeitsverhältnisses zu den alten Vertragsbedingungen führt. Der den kündigungsschutzgesetzlichen Bestandsschutz sichernde Anspruch des Arbeitnehmers besteht aber, wie oben gesehen,[325] nur im Rahmen der Zumutbarkeit für den Arbeitgeber. Unter Umständen kann für den Arbeitgeber eine Weiterbeschäftigung des Arbeitnehmers nur unter geänderten Vertragsbedingungen möglich oder zumutbar sein, was gem. § 1 Abs. 2, S. 2 und 3 KSchG auch noch in den Bereich des vom KSchG bezweckten Bestandsschutzes fällt. In solchen Fällen bietet die Konstruktion einer Rücknahme der Kündigung kein geeignetes Gestaltungsinstrument.

(e) Wiedereinstellungsanspruch des Arbeitnehmers

Demgegenüber ermöglicht der auf den Abschluss eines neuen Arbeitsvertrages gerichtete Wiedereinstellungsanspruch flexible Möglichkeiten der inhaltlichen Ausgestaltung des Arbeitsvertrages.

---

320 Vgl. Stahlhacke/Preis, Kündigung und Kündigungsschutz, Rn. 125; Löwisch, KSchG, § 4, Rn. 82; MüKO/Schwerdtner, Vor § 620 BGB, Rn. 162

321 Vgl. Löwisch, KSchG, § 4, Rn. 82

322 BAG v. 17.04.1986, BB 1986, 2202, (2203); Schwerdtner, ZIP 1982, 639, (640); Löwisch, KSchG, § 4, Rn. 82

323 BAG v. 17.04.1986, BB 1986, 2202, (2203); Löwisch, KSchG, § 4, Rn. 82; Schwerdtner, ZIP 1982, 639, (641)

324 Siehe dazu unter X., S. 127 f.

325 Unter VII 2. b) cc) (2) (b) (bb), S. 57 ff.

Fraglich ist allerdings, ob ein Wiedereinstellungsanspruch konstruktiv zu der hier vertretenen dogmatischen Herleitung einer Prognosekorrektur aus dem Bestandsschutzgedanken des KSchG passt. Streng genommen geht es bei einem Wiedereinstellungsanspruch nicht um den Erhalt des alten Arbeitsplatzes, also um Bestandsschutz im Wortsinn, sondern um eine Neueinstellung des entlassenen Arbeitnehmers.[326] Eine solche Differenzierung zwischen Bestands- und Wiedereinstellungsinteresse wäre allerdings nicht sachgerecht. Zwar führt der Wiedereinstellungsanspruch formal zu einer Neubegründung des Arbeitsverhältnisses, diese erfolgt jedoch gerade im Hinblick auf den früheren Arbeitsvertrag und dient damit dem Bestandsschutz des alten Arbeitsverhältnisses. Der Zweck des Wiedereinstellungsanspruchs liegt also im Bestandsschutz.

Da Bestandsschutz schon seinem Wortsinn nach in erster Linie rechtserhaltende Funktion zukommt, stellt sich die Frage, ob ihm systematisch in Form eines Wiedereinstellungsanspruchs auch rechtsbegründende Wirkung zuerkannt werden kann. Dies ist aufgrund der besonderen Eigenschaft der Kündigung als Gestaltungserklärung zu bejahen. Eine wirksame Kündigung des Arbeitgebers führt automatisch zur Beendigung des Arbeitsverhältnisses, sodass eine Prognosekorrektur, die die Kündigung selbst unangetastet lässt, nur noch rechtsbegründenden Charakter im Sinne einer Neubegründung des Arbeitsverhältnisses haben kann. Da Prognosekorrekturmöglichkeiten, die an der Wirksamkeit der Kündigung selbst anknüpfen oder ihre Rechtswirkungen nachträglich zu beseitigen suchen, aus den zuvor genannten Gründen ausscheiden, kann der Bestandsschutz des Arbeitsverhältnisses nur durch eine Wiedereinstellung verwirklicht werden. Der Wiedereinstellungsanspruch bildet somit unter den zur Verfügung stehenden Alternativen das zu bevorzugende Mittel zur Lückenausfüllung im Rahmen der gesetzesimmanenten Rechtsfortbildung. Mit der Entscheidung für einen Wiedereinstellungsanspruch ist allerdings noch keine Festlegung bzgl. des Zeitpunkts der Neubegründung der vertraglichen Pflichten verbunden.[327]

Im Ergebnis ist festzuhalten, dass bei einem Wegfall des Kündigungsgrundes während des Laufs der Kündigungsfrist ein allgemeiner Wiedereinstellungsanspruch des wirksam gekündigten Arbeitnehmers aus dem Schutzzweck des Kündigungsschutzgesetzes im Wege einer ge-

326 Vgl. Hambitzer, Wiedereinstellungsanspruch, S. 24 f.

327 Meinel/Bauer, NZA 1999, 575, (581)

setzesimmanenten Rechtsfortbildung hergeleitet werden kann. Dagegen bildet die gesetzesimmanente Rechtsfortbildung keine Rechtsgrundlage für die Annahme eines Wiedereinstellungsanspruchs, wenn der Kündigungsgrund erst nach Ablauf der Kündigungsfrist entfällt. Damit stellt sich die Frage, ob sich bei einem Wegfall des Kündigungsgrundes nach Ablauf der Kündigungsfrist ein Wiedereinstellungsanspruch des Arbeitnehmers auf andere Weise dogmatisch begründen lässt. Insofern kommt als Rechtsgrundlage nur noch eine gesetzesübersteigende Rechtsfortbildung in Betracht.

dd) Gesetzesübersteigende Rechtsfortbildung

Diese setzt das Fehlen einer rechtlichen Regelung voraus, die gemessen an den Erfordernissen der Gesamtrechtsordnung als behebungsbedürftige Unvollständigkeit erscheint.[328] Das impliziert eine doppelte Voraussetzung:[329] Zum einen darf die betreffende Rechtsfortbildung nicht mit dem Gesetz unvereinbar sein. Das bedeutet, dass die Lückenergänzung zwar nicht vom Plan des Gesetzes gefordert wird, sonst läge eine gesetzesimmanente Rechtsfortbildung vor, andererseits diesem Plan aber auch nicht widersprechen darf. Außerdem muss die Rechtsfortbildung durch spezifisch rechtliche Kriterien, insbesondere allgemeine Rechtsprinzipien oder Rechtswerte legitimiert sein. Damit ist zunächst zu untersuchen, ob eine Prognosekorrektur bei einem Wegfall des Kündigungsgrundes nach Ablauf der Kündigungsfrist dem Plan des Kündigungsschutzgesetzes widersprechen würde. Oben wurde bereits festgestellt,[330] dass ein Schutz des Arbeitsverhältnisses über seinen tatsächlichen Bestand hinaus vom Regelungszweck des Kündigungsschutzgesetzes nicht erfasst ist. Nach wirksamer Beendigung des Arbeitsverhältnisses eintretende Sachverhaltsänderungen bilden einen Tatbestand, der schon formal aus dem Anwendungsbereich des Kündigungsschutzgesetzes herausfällt. Da bereits die Anwendbarkeit des Kündigungsschutzgesetzes auf frühere Arbeitsverhältnisse zu verneinen ist, kommt auch eine Kollision des Schutzes erloschener Arbeitsverhältnisse mit den Regelungsabsichten des Kündigungsschutzgesetzes nicht in Betracht.

---

328 Larenz/Canaris, Methodenlehre, S. 246

329 Siehe dazu Larenz/Canaris, Methodenlehre, S. 246

330 Unter VII. 2. b) cc) (2) (b) (bb), S. 62 f.

Nunmehr ist nach allgemeinen rechtlichen Kriterien zu suchen, die eine Prognosekorrektur bei einem Wegfall des Kündigungsgrundes nach Ablauf der Kündigungsfrist rechtfertigen könnten.

(1) Nachwirkende Fürsorge- bzw. Interessenwahrungspflicht i. V. m. Art. 12 Abs. 1 GG.

Sofern ein Wiedereinstellungsanspruch des Arbeitnehmers bei Wegfall des Kündigungsgrundes nach Ablauf der Kündigungsfrist allgemein oder zumindest in Sonderfällen, wie der Verdachtskündigung, bejaht wird, stützt ein Großteil der befürwortenden Literatur und Rechtsprechung diesen Anspruch auf die nachwirkende Fürsorgepflicht bzw. nach neuerer Terminologie[331] nachvertragliche Interessenwahrungspflicht des Arbeitgebers.[332] Bei der Fürsorge- bzw. Interessenwahrungspflicht handelt es sich um eine Nebenpflicht des Arbeitgebers aus dem Arbeitsverhältnis, die u. a. aus dem Prinzip von Treu und Glauben hergeleitet wird.[333] Diese Pflicht erlegt dem Arbeitgeber auf, seine Rechte aus dem Arbeitsverhältnis so auszuüben und die im Zusammenhang mit dem Arbeitsverhältnis stehenden Interessen des Arbeitnehmers so zu wahren, wie dies unter Berücksichtigung der Belange des Betriebes und der Interessen der anderen Arbeitnehmer nach Treu und Glauben erwartet werden darf.[334] Zur Begründung eines Wiedereinstellungsanspruchs des Arbeitnehmers wird angeführt, dass die Fürsorgepflicht auch nach Beendigung des Arbeitsverhältnisses fortbestehe und aus ihr folge, dass der Arbeitgeber verän-

---

331 Siehe dazu allgemein: MüKO/Roth, § 242 BGB, Rn. 188; Schaub, Arb-Hdb., § 108, Rn. 1

332 Für die Verdachtskündigung: BGH v. 13.07.1956, AP Nr. 2 zu § 611 BGB Fürsorgepflicht; BAG v. 14.12.1956, AP Nr. 3 zu § 611 BGB Fürsorgepflicht; BAG v. 20.08.1997, AP Nr. 27 zu § 626 BGB Verdacht strafbarer Handlung; Oetker, ZIP 2000, 643, (649); Löwisch, § 1 KSchG, Rn. 225; KR-Fischermeier, § 626 BGB, Rn. 234; Belling, RdA 1996, 223, (238) m. w. N.
Bei betriebsbedingter Kündigung: LAG Hamburg v. 26.04.1990, LAGE Nr. 2 zu § 611 BGB Einstellungsanspruch; LAG Köln v. 10.01.1989, LAGE Nr. 1 zu § 611 BGB Einstellungsanspruch
Weitergehend: Hambitzer, Wiedereinstellungsanspruch, S. 65 ff.

333 ErfK./Preis, § 611 BGB, Rn. 883; Palandt/Putzo, § 611 BGB, Rn. 96; MüKO/Müller-Glöge, § 611 BGB, Rn. 404

334 MüKO/Müller-Glöge, § 611 BGB, Rn. 403; MünchHdb. ArbR I/Blomeyer, § 94, Rn. 1

derten Umständen, die eine Weiterbeschäftigung des Arbeitnehmers ermöglichen, im Wege einer Wiedereinstellung Rechnung tragen müsse.[335] Dagegen wird eingewendet, dass die Fürsorgepflicht als Nebenpflicht nicht in der Lage sei, Hauptpflichten aus dem Vertrag neu zu begründen.[336] Zudem seien nachwirkende Nebenpflichten ihrem Zweck nach lediglich auf die Sicherung und Erhaltung des Leistungserfolges gerichtet, das heißt endbezogen.[337] Auch aus diesem Grund könnten sie keine Grundlage für die Entstehung neuer Hauptleistungspflichten bilden.[338]

Nach heutiger Schuldrechtsdogmatik ist anerkannt, dass nach Erlöschen der Hauptleistungspflichten eines Vertrages gewisse Nebenpflichten weiterbestehen können.[339] Dafür spricht auch die Fassung des § 2 Abs. 1 Nr. 3 c) ArbGG, der die Zuständigkeit der Arbeitsgerichte für Streitigkeiten aus Nachwirkungen des Arbeitsverhältnisses begründet.[340] Somit ist als Ausgangspunkt die Annahme einer nachwirkenden Fürsorgepflicht des Arbeitgebers gerechtfertigt. Fraglich ist, ob aus der nachwirkenden Fürsorge- bzw. Interessenwahrungspflicht ein Anspruch auf Neubegründung des Arbeitsverhältnisses hergeleitet werden kann. Dem Vorwurf, die Annahme eines Wiederauflebens der Erfüllungspflichten sei ein unlösbarer Widerspruch zu deren Beendigung,[341] ist entgegenzuhalten, dass ein aus der Fürsorgepflicht abgeleiteter Wiedereinstellungsanspruch nicht unmittelbar auf die Erfüllung der erloschenen Hauptpflichten gerichtet ist, sondern lediglich die Pflicht erzeugt, erneut eine vertragliche Bindung einzugehen und damit Hauptflichten entstehen zu lassen.[342] Auch lässt sich kein allgemeines Prinzip dergestalt formulieren, dass Nebenpflichten niemals in der Lage sind, Hauptpflichten zu er-

---

335 Palandt/Putzo, § 611 BGB, Rn. 97 a; Hambitzer, NJW 1985, 2239, (2240)

336 Mohnen, RdA 1957, 361 ff., 405 ff., (407); Wank, Anm. zu BAG v. 15.3.1984, AP Nr. 2 zu § 1 KSchG 1969 Soziale Auswahl; v. Bar, AcP 179 (1979), 452, (473); Ricken, NZA 1998, 460, (463); MüKO/Schwerdtner, § 622 Anh., Rn. 260; Kaiser, ZfA 2000, 205, (220)

337 Moos, RdA 1962, 301, (303); v. Stein, RdA 1991, 85, (90); Raab, RdA 2000, 147, (149); Langenbucher, ZfA 1999, 299, (305); LAG Köln v. 28.06.1996, LAGE § 611 BGB Einstellungsanspruch Nr. 5

338 v. Stein, Fehleinschätzungen, S. 113

339 Soergel/Teichmann, § 242 BGB, Rn. 167 ff.; MüKO/Roth, § 242 BGB, Rn. 161 ff.; Palandt/Heinrichs, § 242 BGB, Rn. 26; Larenz, SchuldR AT, § 10, II.f.

340 v. Stein, Fehleinschätzungen, S. 106; Honstetter, Prognoseentscheidung, S. 175

341 Mohnen, RdA 1957, 361 ff., 405 ff., (407)

342 v. Stein, Fehleinschätzungen, S. 106 f.

zeugen.[343] Nebenpflichten sind nicht so zu verstehen, dass sie im Gegensatz zu Hauptpflichten seitens der Rechtsordnung eine Nebenbewertung erführen.[344] Sie unterscheiden sich von Hauptpflichten nur dadurch, dass sie nicht unmittelbar auf die Herbeiführung des Leistungserfolges gerichtet sind, sondern Verhaltenspflichten darstellen, die letztlich auf dem Vertrauensgedanken und dem Gebot der redlichen Abwicklung des Rechtsverkehrs beruhen.[345] Damit sind aber noch nicht ihre Qualität und Intensität festgelegt.[346] Vorliegend ist daher zunächst zu untersuchen, ob die Fürsorgepflicht überhaupt einen Wiedereinstellungsanspruch des Arbeitnehmers rechtfertigen kann, bevor sich die Frage nach einer eventuellen Nachwirkung dieser Pflicht stellt. Da die Fürsorgepflicht dem Arbeitgeber auferlegt, bei der Wahrnehmung seiner Rechte die Interessen des Arbeitnehmers zu wahren, bietet sich, dem 7. Senat des BAG folgend, zur Konkretisierung dieser Pflicht ein Rückgriff auf das durch Art. 12 Abs. 1 GG geschützte Interesse des Arbeitnehmers an der Erhaltung seines Arbeitsplatzes an.[347] Bereits der 2. Senat des BAG hat in seinem Urteil vom 27.02.1997 einen Wiedereinstellungsanspruch des Arbeitnehmers u. a. damit begründet, dass das durch Art. 12 geschützte Recht des Arbeitnehmers, seinen Arbeitsplatz nicht grundlos zu verlieren, in unerträglicher Weise beeinträchtigt würde, wenn der Arbeitgeber nach Ausspruch der Kündigung ohne rechtfertigenden Grund über die Beendigung des Arbeitsverhältnisses entscheiden könnte.[348] Zwar verleiht Art. 12 Abs. 1 GG keinen unmittelbaren Schutz gegen den Verlust des Arbeitsplatzes aufgrund privater Dispositionen,[349] jedoch ist der objektive Gehalt dieses Grundrechts bei der Auslegung zivilrechtlicher Generalklauseln zu beachten.[350]

Folglich ist Art. 12. Abs. 1 GG hier zur Konkretisierung der aus § 242 BGB abzuleitenden Fürsorgepflicht heranzuziehen.

---

343 Siehe dazu Hueck, in: FS Hedemann 1958, 131, (144 ff.)

344 Käuffer, Vor- und Nachwirkungen des Arbeitsverhältnisses, S.100

345 Käuffer, Vor- und Nachwirkungen des Arbeitsverhältnisses, S. 100

346 Käuffer, Vor- und Nachwirkungen des Arbeitsverhältnisses, S. 101

347 BAG v. 28.06.2000, ZIP 2000, 1781, (1784)

348 BAG v. 27.02.1997, SAE 1998, 98, (101)

349 BVerfG v. 27.01.1998, BVerfGE 97, 169, (175); 84, 133, (146 f.); 85, 360, (372 f.); 92, 140, (150)

350 BVerfG v. 27.01.1998, BVerfGE 97, 169, (178); Oetker, ZIP 2000, 643, (645)

Art. 12 Abs. 1 GG schützt das Interesse des Arbeitnehmers an der Erhaltung seines Arbeitsplatzes nicht nur bis zum Ausspruch der Kündigung, sondern bis zur tatsächlichen Beendigung des Arbeitsverhältnisses.[351] Dem steht allerdings die durch Art. 12 Abs. 1 und Art. 2 Abs. 1 GG gewährleistete Kündigungsfreiheit des Arbeitgebers gegenüber.[352] Diese gegenläufigen Grundrechtspositionen müssen zu einem angemessenen Ausgleich gebracht werden.[353] Dies hat der Gesetzgeber u. a. durch den Erlass des KSchG getan,[354] indem er die Kündigung des Arbeitgebers im Geltungsbereich dieses Gesetzes an das Vorhandensein bestimmter Kündigungsgründe bindet, die einer Weiterbeschäftigung des Arbeitnehmers im Betrieb entgegenstehen. Fällt ein solcher Kündigungsgrund bis zum Ablauf der Kündigungsfrist weg, oder entsteht bis dahin eine andere Weiterbeschäftigungsmöglichkeit für den Arbeitnehmer, so ist kein schutzwürdiges Interesse des Arbeitgebers erkennbar, an der nunmehr unbegründeten Kündigung festzuhalten. Das Bestandsinteresse des Arbeitnehmers überwiegt in diesen Fällen nach der gesetzgeberischen Wertentscheidung gegenüber der Dispositionsfreiheit des Arbeitgebers und rechtfertigt daher die Annahme einer Pflicht des Arbeitgebers, den Arbeitnehmer weiterzubeschäftigen. Diese Pflicht besteht allerdings nicht unbedingt, sondern nach zutreffender Ansicht nur in Abwägung mit eventuell entgegenstehenden Interessen des Arbeitgebers, da dessen grundrechtlich geschützte negative Vertragsfreiheit gegenüber dem Bestandsinteresse des Arbeitnehmers im Sinne einer praktischen Konkordanz Berücksichtigung finden muss.[355] Diese aus der Fürsorgepflicht abgeleitete Pflicht des Arbeitsgebers korrespondiert mit einem eigenen Erfüllungsanspruch des Arbeitnehmers, also einem Wiedereinstellungsanspruch, falls sie als Nebenleistungspflicht, d. h. als selbständige Nebenpflicht mit Eigenzweck, zu qualifizieren ist.[356] Anderenfalls, als unselbständige nur die Hauptpflicht ergänzende und näher bestimmende Nebenpflicht, könnte ihre Verletzung nur einen auf Naturalrestitution ge-

351 BAG v. 28.06.2000, ZIP 2000, 1781, (1784); Oetker, ZIP 2000, 643, (645)

352 BVerfG v. 27.01.1998, BVerfGE 97, 169, (176); Preis, NZA 1997, 1256, (1257)

353 BVerfG v. 27.01.1998, BVerfGE 97, 169, (176); Preis, NZA 1997, 1256, (1257)

354 BVerG v. 27.01.1998, BVerfGE 97, 169, (175); Preis, NZA 1997, 1256, (1257)

355 BAG v. 28.06.2000, ZIP 2000, 1781, (1784); Oetker, ZIP 2000, 643, (647); a. A.: Kittner/Kittner, KSchR, 4. Aufl., § 1 KSchG, Rn. 56 c

356 Vgl. Erman/Werner, § 242 BGB, Rn. 55; Esser-Schmidt, SchuldR I, § 6 III. 2.

richteten Schadensersatzanspruch aus pVV auslösen.[357] Da die Wiedereinstellungspflicht des Arbeitnehmers ihrem Inhalt und ihrer Zweckbestimmung nach aber über die Förderung der Hauptleistung und Sicherung des Leistungserfolges hinausgeht, indem sie auf einen neuen Vertragsabschluss gerichtet ist, steht ihrer Einordnung als Nebenleistungspflicht nichts entgegen. Sie begründet daher einen eigenen Wiedereinstellungsanspruch des Arbeitnehmers.[358] Dem wird in der Literatur entgegengehalten, dass aus Art. 12 Abs. 1 GG nur eine Schutzpflicht des Staates folge, der nach der Rechtsprechung des BVerfG[359] das geltende Kündigungsrecht hinreichend Rechnung trage.[360] Da die geltenden Kündigungsvorschriften keinen Wiedereinstellungsanspruch vorsehen würden, ließe sich auch aus Art. 12 Abs. 1 GG keine weitergehende Pflicht zur Anerkennung eines solchen Anspruchs herleiten.[361] Gegen diese Argumentation lässt sich einwenden, dass die Rechtspraxis allein aus Gründen der Rechtssicherheit als Beurteilungszeitpunkt für die Wirksamkeit einer Kündigung auf den Zugang der Kündigungserklärung abstellt mit der Folge, dass ein Wegfall des Kündigungsgrundes bis zum Ablauf der Kündigungsfrist keinen Einfluss mehr auf die Wirksamkeitsbeurteilung haben kann.[362] Die durch das KSchG konkretisierte Schutzpflicht aus Art. 12 Abs. 1 GG gebietet ihrem Sinn nach dagegen sehr wohl eine Berücksichtigung des Wegfalls des Kündigungsgrundes bis zur Beendigung des Arbeitsverhältnisses, um das Bestandsinteresse des Arbeitnehmers, gerichtet auf den Schutz vor dem grundlosen Verlust des Arbeitsplatzes, nicht leerlaufen zu lassen. Durch die Anerkennung eines Wiedereinstellungsanspruchs wird daher nicht die Wertentscheidung des Gesetzgebers unterlaufen, sondern im Gegenteil seinen Zielen Rechnung getragen.

Somit ist die Fürsorge- bzw. Interessenwahrungspflicht des Arbeitgebers grundsätzlich geeignet, einen Wiedereinstellungsanspruch des Arbeitnehmers bei einem Wegfall des Kündigungsgrundes bis zum Ablauf der Kündigungsfrist zu begründen.

---

357 Vgl. Erman/Werner, § 242 BGB, Rn. 54

358 Im Ergebnis ebenso Oetker, ZIP 2000, 643, (648)

359 BVerfGE 97, 169, (175); 84, 133, (146 f.); 85, 360, (373 f.); 92, 140, (150)

360 Kaiser, ZfA 2000, 205, (230); Nicolai/Noak, ZfA 2000, 87, (91); Ricken, NZA 1998, 460, (463)

361 Nicolai/Noak, ZfA 2000, 87, (91)

362 BAG v. 28.06.2000, ZIP 2000, 1781, (1784)

Daher ist nun zu untersuchen, ob dies auch für den hier fraglichen Zeitraum nach Beendigung des Arbeitsverhältnisses gilt. Gegen einen Wiedereinstellungsanspruch des Arbeitnehmers aufgrund nachwirkender Fürsorgepflicht des Arbeitgebers spricht zunächst, dass der zuvor zur Konkretisierung der Fürsorgepflicht herangezogene grundrechtlich gewährleistete Schutz des Arbeitsverhältnisses im Hinblick auf den Erhalt des Arbeitsplatzes regelmäßig nicht über die Beendigung des Arbeitsverhältnisses hinausreicht. Denn der durch Art. 12 Abs. 1 GG bezweckte Schutz vor dem unberechtigten Arbeitsplatzverlust endet grundsätzlich, wenn der Arbeitsplatzverlust rechtswirksam eingetreten ist.[363] Eine Ausnahme ist auch hier für den Sonderfall der Verdachtskündigung zu machen, da bei tatsächlicher Unschuld des Arbeitnehmers ein objektiver Kündigungsgrund niemals vorgelegen hat, vgl. oben[364]. Ein noch weitergehender Bestandsschutz im Sinne eines Schutzes des früheren Arbeitsplatzes würde dagegen mit den gleichberechtigten Interessen der übrigen Arbeitssuchenden kollidieren. Darüber hinaus passt die Annahme eines Wiedereinstellungsanspruchs dogmatisch nicht zu der Funktion nachwirkender vertraglicher Nebenpflichten.[365] Diese sind auf die Erhaltung und nachträgliche Sicherung des Leistungserfolges gerichtet und damit endbezogen.[366] Sofern es sich um weitergehende Rücksichtnahmepflichten handelt, bezwecken auch diese die Abwicklung der Vertragsbeziehungen.[367] Demgegenüber zielt der Wiedereinstellungsanspruch gerade auf die Neubegründung des Vertragsverhältnisses. Ein Wiedereinstellungsanspruch ist folglich nicht mit dem Zweck nachwirkender Nebenpflichten zu vereinbaren. Somit lässt sich ein solcher Anspruch entgegen der herrschenden Meinung[368] auch nicht in Ausnahmefällen, wie der Verdachtskündigung, aus diesem Gesichtspunkt herleiten.

---

363 Oetker, ZIP 2000, 643, (649)

364 Unter VII. 2. b), S. 63

365 Ebenso: Oetker, ZIP 2000, 643, (649); v. Stein, Fehleinschätzungen, S. 110 ff.

366 v. Stein, Fehleinschätzungen, S. 110; Langenbucher, ZfA 1999, 299, (309) m. w. N. in Fn. 32

367 Vgl. Larenz, SchuldR AT, § 10, II. f.

368 BAG v. 04.12.1956, AP Nr. 3 zu § 611 BGB Fürsorgepflicht; BAG v. 20.08.1997, AP Nr. 27 zu § 626 BGB Verdacht strafbarer Handlung; Oetker, ZIP 2000, 643, (649); KR-Fischermeier, § 626 BGB, Rn. 234 m. w. N.

(2) Rechtsmissbrauch

(a) Fehlendes schutzwürdiges Eigeninteresse des Berechtigten

Der 2. Senat des BAG hat in seinem Grundsatzurteil vom 27.02.1997 u. a. ausgeführt, der Arbeitgeber verhalte sich rechtsmissbräuchlich, wenn er trotz Wegfalls des betriebsbedingten Kündigungsgrundes noch während des Laufs der Kündigungsfrist eine Fortsetzung des Arbeitsverhältnisses mit dem Arbeitnehmer ablehne, obwohl inzwischen für eine derartige Beendigung des Arbeitsverhältnisses kein dringendes betriebliches Erfordernis mehr bestehe und ihm deshalb die Fortsetzung des Arbeitsverhältnisses zumutbar sei.[369] Mit dieser Argumentation kommt ein Rechtsmissbrauch unter dem Gesichtspunkt des fehlenden schutzwürdigen Eigeninteresses des Arbeitsgebers in Betracht.[370] Danach ist die Rechtsausübung missbräuchlich, wenn die Geltendmachtung des Rechts nicht den vom Gesetz oder Vertrag geschützten Interessen dient, sondern das Recht zweckwidrig verwendet wird.[371] Mit der Ablehnung eines neuen Vertragsschlusses macht der Arbeitgeber von seiner grundrechtlich geschützten Vertragsabschlussfreiheit Gebrauch, weshalb Teile der Literatur ein fehlendes schutzwürdiges Eigeninteresse des Arbeitgebers ablehnen.[372] Unter Zugrundelegung der oben gewonnenen Ergebnisse zum Regelungszweck des KSchG könnte sich die Ablehnung eines erneuten Vertragsabschlusses durch den Arbeitgeber dennoch als rechtsmissbräuchlich, weil zweckwidrig, darstellen. Mit der Vertragsablehnung will der Arbeitgeber die tatsächlichen Wirkungen seiner ursprünglichen Kündigung aufrechterhalten. Nach dem Sinn und Zweck des KSchG soll dem Arbeitgeber die Lösung vom Arbeitsverhältnis jedoch nur bei Vorliegen bestimmter Kündigungsgründe möglich sein. Entfällt ein solcher Kündigungsgrund bis zum Ablauf der Kündigungsfrist und möchte der Arbeitgeber dennnoch an der einmal ausgesprochenen Kündigung festhalten, dann entspricht diese Geltendmachung seiner Vertragsfreiheit nicht mehr dem kündigungsschutzgesetzlichen Rahmen, da ein vom

369 BAG v. 27.02.1997, SAE 1998, 98, (101)

370 Nicolai/Noak, ZfA 2000, 87, (93 f.); Zweckwidrige Rechtsausübung: Raab, RdA 2000, 147, (150)

371 Palandt/Heinrichs, § 242 BGB, Rn. 50; Jauernig/Vollkommer, § 242 BGB, Anm. III.2 b) aa); MüKO/Roth, § 242 BGB, Rn. 447 ff.

372 Nicolai/Noak, ZfA 2000, 87, (93 f.); Raab, RdA 2000, 147, (150)

KSchG anerkanntes berechtigtes Interesse an der Auflösung des Arbeitsverhältnisses fehlt. Ein Rechtsmissbrauch unter dem Gesichtspunkt des fehlenden schutzwürdigen Eigeninteresses des Arbeitgebers ist somit einschlägig.

Fraglich ist, ob dem Rechtsmissbrauch hier anspruchsbegründende Wirkung im Sinne eines Wiedereinstellungsanspruchs des Arbeitnehmers zukommen kann.[373] § 242 BGB setzt seinem Wortsinn und seiner Stellung im Gesetz nach grundsätzlich das Bestehen eines Schuldverhältnisses voraus und kann daher im Prinzip nicht zur Begründung einer Leistungspflicht und damit eines Schuldverhältnisses dienen.[374] Jedoch ist in Ausnahmefällen eine anspruchsbegründende Wirkung des § 242 BGB anerkannt.[375] Das BAG beruft sich zum Vergleich auf das Recht des Anfechtungsgegners, bei einer Irrtumsanfechtung die angefochtene Erklärung so gelten zu lassen, wie der Erklärende selbst sie verstanden hatte und damit die Nichtigkeitsfolge abzuwenden sowie auf die Berücksichtigung eines nachträglichen Wegfalls des Eigenbedarfs bei der Kündigung eines Mietverhätlnisses und die Wandlung trotz inzwischen behobenen Sachmangels.[376] Von den genannten Fallbeispielen erscheint mit der hier vorliegenden Situation eines nachträglichen Wegfalls des Kündigungsgrundes am ehesten der nachträgliche Wegfall des Eigenbedarfs bei der Kündigung eines Mietverhältnisses aus diesem Grund vergleichbar. Vielfach wird in diesen Fällen ein auf § 242 BGB gestützter Fortsetzungsanspruch des Mieters bei Wegfall des Eigenbedarfs vor Ablauf der Kündigungsfrist bejaht.[377] Dem ist entgegenzuhalten, dass bei einem Rechtsmissbrauch wegen fehlenden schutzwürdigen Eigeninteresses an der Rechtsausübung, eine Versagung der zu missbilligenden Rechtsausübung und damit dogmatisch die Konstruktion eines Einwandes zunächst näherliegend ist als die Entstehung eines subjektiven Rechts des anderen

373 Bejahend: BAG v. 27.02.1997, SAE 1998, 98, (101); Anm. Walker zu BAG v. 27.02.1997, SAE 1998, 103, (106); Ablehnend: Bartel, Anm. zu BAG v. 06.08.1997, SAE 1998, 317, (318 f.)

374 BGH v. 23.04.1981, NJW 1981, 1779 f., unter 4.a); Larenz, SchuldR I, AT, § 10, II. g); Gernhuber, Jus 1983, 764, (765); Seier, NJW 1988, 1617, (1619)

375 Vgl. Larenz, SchuldR I, AT, § 10, II.g)

376 BAG v. 27.02.1997, SAE 1998, 98, (101)

377 OLG Karlsruhe, NJW-RR 1993, 80; OLG Karlsruhe, NJW 1982, 54, (55); LG Berlin, ZMR 1994, 18 f.; LG Siegen, WuM 1992, 147, (148); Soergel/Heintzmann, § 564 b BGB, Rn. 49; v. Sebut, NJW 1985, 289, (294)

Teils.[378] Oben wurde aber bereits darauf hingewiesen, dass ein Einwand des Rechtsmissbrauchs anstelle der Gewährung eines Wiedereinstellungsanspruchs des Arbeitnehmers nicht zu einer angemessenen Lösung unter Berücksichtigung der beiderseitigen Parteiinteressen führt. Folglich läge hier ein Grund vor, ausnahmsweise von einer anspruchsbegründenden Wirkung des § 242 BGB auszugehen. Davon abgesehen kann § 242 BGB aber auch unter diesem Gesichtspunkt keinen Wiedereinstellungsanspruch bei einem Wegfall des Kündigungsgrundes nach Ablauf der Kündigungsfrist gewähren, da zur Konkretisierung des schutzwürdigen Interesses des Arbeitgebers gerade die Wertungen des KSchG herangezogen werden, sodass sich keine weiterreichenden Ergebnisse als bei der gesetzesimmanenten Rechtsfortbildung erzielen lassen.

(b) Vertrauensschutz und venire contra factum proprium

Häufig wird ein Wiedereinstellungsanspruch des Arbeitnehmers unter Hinweis auf das Verbot des venire contra factum proprium[379] oder allgemein dem Grundsatz des Vertrauensschutzes[380] bejaht. Diesen Ausprägungen von § 242 BGB kann anerkanntermaßen eine anspruchsbegründende Wirkung zukommen.[381] Dabei stellt der Grundsatz des venire contra factum proprium nur eine Ausformung des Vertrauensschutzpinzips dar.[382] Das Vertrauensschutzprinzip gebietet, die Interessen desjenigen, der vertrauen durfte, höher zu bewerten als die Interessen dessen, der verantwortlich (unzutreffendes) Vertrauen gesetzt hat.[383] Wesensmerkmal des venire contra factum proprium ist das Verbot des Selbstwi-

---

378 Für den Wegfall des Eigenbedarfs im Mietrecht ebenso Staudinger/Sonnenschein, § 564 b) BGB, Rn. 90

379 LAG Köln v. 10.01.1989, LAGE § 611 BGB Einstellungsanspruch Nr. 1; Preis, Anm. zu LAG Köln v. 10.01.1989, LAGE § 611 BGB Einstellungsanspruch Nr. 1; Boewer, NZA 1999, 1121, (1128); MünchHdb. ArbR II/Wank, § 121, Rn. 116 ff.

380 v.Hoyningen-Huene/Linck, § 1 KSchG, Rn. 156 b; MünchHdb. ArbR II/Berkowsky, § 134, Rn. 84

381 Larenz, SchuldR I, AT, § 10, II. g); Canaris, Vertrauenshaftung, S. 287 ff.; v. Stein, Fehleinschätzungen, S. 140

382 Preis, Anm. zu LAG Köln v. 10.01.1989, LAGE § 611 BGB Einstellungsanspruch Nr. 1; Canaris, Vertrauenshaftung, S. 287 ff.; Soergel/Teichmann, § 242 BGB, Rn. 313 ff.

383 Soergel/Teichmann, § 242 BGB, Rn. 313; Preis, Anm. zu LAG Köln v. 10.01.1989, LAGE § 611 BGB Einstellungsanspruch Nr. 1

derspruchs, wonach es gegen Treu und Glauben verstieße und das Vertrauen des Rechtsverkehrs untergrübe, wenn es dem Berechtigten erlaubt wäre, sich mit seinen früheren Erklärungen und seinem früheren Verhalten in Widerspruch zu setzen.[384] Vorliegend fehlt es sowohl an einem vom Arbeitgeber geschaffenen Vertrauenstatbestand als auch am Selbstwiderspruch des Arbeitgebers. Die Befürworter eines Wiedereinstellungsanspruchs aufgrund des Vertrauensschutzgedankens bzw. des Verbots des venire contra factum proprium argumentieren, dass der Arbeitnehmer darauf vertrauen dürfe, nur aufgrund der vom Arbeitgeber angegebenen Gründe den Arbeitsplatz zu verlieren.[385] Die an bestimmte Gründe gebundene Kündigung erzeuge eine Selbstbindung des Arbeitgebers und damit einen Vertrauenstatbestand.[386] Dem wird zu Recht entgegengehalten, dass der Arbeitgeber gesetzlich nicht verpflichtet ist, die Kündigung gegenüber dem Arbeitnehmer zu begründen,[387] die Erzeugung eines Vertrauenstatbestandes folglich die Angabe bestimmter Kündigungsgründe durch den Arbeitgeber voraussetzen würde.[388] Gegen ein auf der Erklärung des Arbeitgebers aufbauendes Vertrauen spricht wiederum, dass es für die Wirksamkeit der Kündigung allein auf das objektive Vorliegen eines Kündigungsgrundes zum Zeitpunkt der Kündigungserklärung ankommt, unabhängig davon, ob dieser Kündigungsgrund vom Arbeitgeber genannt wurde oder diesem überhaupt bekannt war.[389] Von der Gegenansicht wird daher vorgeschlagen, den Vertrauenstatbestand objektiv dahingehend zu bewerten, dass der Arbeitnehmer darauf vertrauen dürfe, dass der bei Ausspruch der Kündigung objektiv vorhandene Kündigungsgrund mindestens noch bis zum Ablauf der Kündigungsfrist vorliegen müsse.[390] Ein solches objektives Verständnis des Vertrauens-

---

384 Erman/Werner, § 242 BGB, Rn. 79; Singer,Das Verbot widersprüchlichen Verhaltens, S. 21 ff.; Dette,venire contra factum proprium, S. 38 ff. ; Soergel/Teichmann, § 242 BGB, Rn. 314; MüKO/Roth, § 242 BGB, Rn. 322

385 v. Hoyningen-Huene/Linck, § 1 KSchG, Rn. 156 b); Preis, Anm. zu LAG Köln v. 10.01.1989, LAGE § 611 BGB Einstellungsanspruch Nr. 1

386 Preis, Anm. zu LAG Köln v. 10.01.1989, LAGE § 611 BGB Einstellungsanspruch Nr. 1

387 Ricken, NZA 1998, 460, (461 f.)

388 Raab, RdA 2000, 147, (151)

389 Ricken, NZA 1998, 460, (462)

390 Boewer, NZA 1999, 1121, (1128); Preis, Anm. zu LAG Köln v. 10.01.1989, LAGE § 611 BGB Einstellungsanspruch Nr. 1

tatbestandes führt aber dazu, dass dieses Vertrauen dann nicht mehr als vom Arbeitgeber erzeugt angesehen werden kann. Wenn der Arbeitnehmer glaubt, der Arbeitsplatzverlust werde nicht eintreten, falls bei Ablauf der Kündigungsfrist kein objektiver Kündigungsgrund mehr vorliegt, so handelt es sich hierbei um das Vertrauen auf eine bestimmte Rechtslage, die in diesem Fall dem Regelungszweck des KSchG entspricht. Damit basiert das Vertrauen aber gerade nicht auf einem Verhalten des Arbeitgebers. Als Anknüpfungspunkt für ein vertrauensbildendes Verhalten des Arbeitgebers kommt nur seine Kündigungserklärung in Betracht. Diese ist als Willenserklärung vom objektiven Empfängerhorizont her auszulegen. Danach konnte ein dem KSchG unterfallender Arbeitnehmer nicht davon ausgehen, dass der Arbeitgeber ihn bei einem Wegfall des rechtfertigenden Kündigungsgrundes in jedem Fall wiedereinstellen wollte. Denn der Arbeitgeber kann für den Arbeitnehmer ersichtlich auch außerhalb des KSchG liegende Motive haben, das Arbeitsverhältnis zu beenden. Ein Vertrauen dahingehend, der Arbeitgeber würde ihn bei einem Wegfall des den Maßstäben des KSchG genügenden Kündigungsgrundes wiedereinstellen wollen, konnte der Arbeitnehmer also aufgrund der bloßen Kündigungserklärung des Arbeitgebers nicht bilden. Ein entsprechendes, vom Arbeitgeber erzeugtes Vertrauen würde vielmehr das Hinzutreten weiterer Umstände voraussetzen. Gegen diese Auslegung der Kündigungserklärung des Arbeitgebers nach den allgemeinen Grundsätzen der §§ 133, 157 BGB lässt sich auch nicht einwenden, dass nicht das gesamte Institut des venire contra factum proprium rechtsgeschäftlich interpretiert werden dürfe.[391] Die Kritik an einem rein rechtsgeschäftlichen Verständnis des venire contra factum proprium richtet sich auf die Frage der subjektiven Zurechnungsvoraussetzungen, insbesondere das Erfordernis der Erkennbarkeit des Effekts für den Urheber[392], während es vorliegend bereits an einem objektiv vertrauensbildenden Erklärungsgehalt der Kündigung fehlt. Ein vom Arbeitgeber geschaffener Vertrauenstatbestand lässt sich also nicht begründen.

391 Vgl. allgemein MüKO/Roth, § 242 BGB, Rn. 325; Soergel/Teichmann, § 242 BGB, Rn. 312

392 Vgl. MüKO/Roth, § 242 BGB, Rn. 325 ff.; Soergel/Teichmann, § 242 BGB, Rn. 312; Staudinger/Schmidt, § 242 BGB, Rn. 676

Allerdings erfasst das Vertrauensprinzip nicht alle Sachverhalte im Bereich des venire contra factum proprium.[393] Für die Annahme einer solchen Fallgestaltung, die ohne einen vom Gegner geschaffenen Vertrauenstatbestand auskommt, mangelt es vorliegend aber am Selbstwiderspruch des Arbeitgebers als Wesensmerkmal des venire contra factum proprium. Danach wäre eine Unvereinbarkeit zwischen früherem und späterem Verhalten erforderlich.[394] Mit der Kündigung, die auf die Beendigung des Arbeitsverhältnisses zielt und der späteren Weigerung der Wiedereinstellung verhält sich der Arbeitgeber aber von der Willensrichtung her konsequent.[395] Auch kann, wie die obige Auslegung gezeigt hat, der Kündigung nicht die Behauptung entnommen werden, das Arbeitsverhältnis nur bei Vorliegen eines nach dem KSchG anerkannten Kündigungsgrundes beenden zu wollen. Mit der Weigerung zur Wiedereinstellung trotz Wegfalls des Kündigungsgrundes setzt sich der Arbeitgeber zwar in Widerspruch zum Regelungszweck des KSchG und damit zur objektiven Rechtslage, nicht aber zu seinem früheren Verhalten, der Kündigung. Das Institut des venire contra factum proprium setzt aber nach heutigem Verständnis gerade die Unvereinbarkeit zwischen zwei Verhaltensweisen einer Person und nicht den Widerspruch ihres Verhaltens zur materiellen Rechtslage voraus.[396] Somit lässt sich ein Verstoß des Arbeitgebers gegen den Vertrauensgrundsatz oder speziell das Verbot des venire contra factum proprium unter keinem Gesichtspunkt begründen. Die Annahme eines Wiedereinstellungsanspruchs des Arbeitnehmers auf dieser Grundlage scheidet daher aus.

(3) Wegfall der Geschäftsgrundlage

Das BAG hat in seiner Entscheidung vom 27.02.1997 zur Begründung des Wiedereinstellungsanspruchs des Arbeitnehmers eine Parallele zum Wegfall der Geschäftsgrundlage beim Aufhebungsvertrag gezogen.[397] Hätten die Arbeitsvertragsparteien etwa im Hinblick auf eine beabsich-

---

393 Dette, venire contra factum proprium, S. 95 ff.; MüKO/Roth, § 242 BGB, Rn. 322; Soergel/Teichmann, § 242 BGB, Rn. 315

394 Singer, Das Verbot widersprüchlichen Verhaltens, S. 25 ff., (49); Dette, venire contra factum proprium, S. 94; MüKO/Roth, § 242 BGB, Rn. 322

395 Raab, RdA 2000, 147, (151)

396 Vgl. Singer, Das Verbot widersprüchlichen Verhaltens, S. 23 ff.

397 BAG v. 27.02.1997, SAE 1998, 98, (100 f.)

tigte Betriebsstilllegung einen Vertrag über die Auflösung des Arbeitsverhältnisses geschlossen, dann könne sich der Arbeitnehmer auf den Wegfall der Geschäftsgrundlage berufen, wenn der Betrieb aufgrund veränderter Umstände dennoch fortgeführt werde.[398] Im Ergebnis dürfe nichts Anderes gelten, wenn der Vertrag aufgrund einer Kündigung des Arbeitgebers beendet werde.[399] Die Parallele zum Wegfall der Geschäftsgrundlage ist jedoch nach zutreffender Ansicht verfehlt.[400] Geschäftsgrundlage sind die bei Abschluss eines Vertrages zutage getretenen, dem anderen Teil erkennbar gewordenen und von ihm nicht beanstandeten Vorstellungen der einen Partei oder die gemeinsamen Vorstellungen beider Parteien von dem Vorhandensein oder dem künftigen Eintritt bestimmter Umstände, sofern der Geschäftswille der Parteien auf diesen Vorstellungen aufbaut.[401] Es ist allerdings nicht unumstritten, ob eine Anwendung der Grundsätze über den Wegfall der Geschäftsgrundlage nicht auch bei einseitigen Rechtsgeschäften möglich sein soll.[402] Gegen eine Heranziehung der Regeln über den Wegfall der Geschäftsgrundlage spricht in den vorliegenden Fallgestaltungen jedenfalls der Charakter der Kündigung als Gestaltungserklärung.[403] Danach tritt die Gestaltungswirkung unabhängig vom Willen des Arbeitnehmers ein. Folglich sind auch seine Vorstellungen über die Gründe für die Kündigung für den Bestand der durch die Kündigung erzeugten Rechtsfolge unerheblich.[404] Eine etwaige Berufung des Arbeitnehmers auf den Wegfall der Geschäftsgrundlage der Arbeitgeberkündigung oder ein vergleichsweiser Rückgriff auf diese Grundsätze kommt somit nicht in Betracht.

---

398 BAG v. 27.02.1997, SAE 1998, 98, (100 f.); BAG v. 04.12.1997, EzA § 1 KSchG Wiedereinstellungsanspruch Nr. 3, unter B.II.1.

399 BAG v. 27.02.1997, SAE 1998, 98, (101); im Anschluss daran Walker, Anm. zu BAG v. 27.02.1997, SAE 1998, 103, (106)

400 Vgl. Raab, RdA 2000, 147, (150)

401 BAG v. 06.02.1992, NJW 1992, 2173, (2175); Palandt/Heinrichs, § 242 BGB, Rn. 113

402 Verneinend: BGH v. 20.11.1969, NJW 1970, 1418, (1420); BGH v. 25.11.1992, NJW 1993, 850; Palandt/Heinrichs, § 242 BGB, Rn. 114 a; Jauernig/Vollkommer, § 242 BGB, Anm. V.1.d); Offen gelassen: BGH v. 20.06.1962, BGHE 37, 233, (241); BAG v. 06.02.1992, NJW 1992, 2173, (2175); Bejahend: MüKO/Roth, § 242 BGB, Rn. 568

403 Raab, RdA 2000, 147, (150)

404 Raab, RdA 2000, 147, (150)

(4) Gleichbehandlungsgrundsatz

Vom BAG ist erwogen worden, einen Wiedereinstellungsanspruch des Arbeitnehmers aus dem arbeitsrechtlichen Gleichbehandlungsgrundsatz herzuleiten.[405] Dieser verbietet die willkürliche, d. h. sachfremde Schlechterstellung einzelner Arbeitnehmer gegenüber anderen, in vergleichbarer Lage befindlichen.[406] Zu diesem Begründungsansatz ist zunächst festzustellen, dass der arbeitsrechtliche Gleichbehandlungsgrundsatz nur bei kollektiven Maßnahmen des Arbeitgebers angewendet werden kann, also nicht wenn nur einem einzelnen Arbeitnehmer gekündigt wurde.[407] Davon abgesehen obliegt dem Arbeitgeber nur im Rahmen eines bestehenden Arbeitsverhältnisses die Gleichbehandlungspflicht,[408] sodass der hier fragliche Wiedereinstellungsanspruch bei einem Wegfall der Kündigungsgründe nach Ablauf der Kündigungsfrist von vornherein nicht auf den arbeitsrechtlichen Gleichbehandlungsgrundsatz gestützt werden kann.

Im Ergebnis bleibt somit die Suche nach einem Rechtsprinzip, das einen allgemeinen Wiedereinstellungsanspruch des Arbeitnehmers für den Fall eines Wegfalls des Kündigungsgrundes nach Ablauf der Kündigungsfrist rechtfertigen könnte, erfolglos.

3. Einzelne Fallgruppen

Vielfach wird allerdings die Annahme eines allgemeinen Wiedereinstellungsanspruchs, d. h. einer grundsätzlich für alle Fallgestaltungen gelten-

---

405 BAG v. 15.03.1984, AP Nr. 2 zu § 1 KSchG 1969 Soziale Auswahl; BAG v. 10.11.1977, AP Nr. 1 zu § 611 BGB Einstellungsanspruch; BAG v. 10.12.1965, AP Nr. 105 zu § 242 BGB Ruhegehalt, unter IV. b)

406 Schaub, ArbRHdb., § 112, Rn. 5; ErfK/Preis, § 611 BGB, Rn. 838

407 v. Stein, Fehleinschätzungen, S. 123 f.; Hoffmanns, Nachwirkende Nebenpflichten in Schuldverhältnissen, S. 199; ErfK/Preis, § 611 BGB, Rn. 838; Strathmann, Wiedereinstellungsanspruch, S. 47 f.

408 Boewer, NZA 1999, 1121, (1127); Wank, Anm. zu BAG v. 15.03.1984, AP Nr. 2 zu § 1 KSchG 1969 Soziale Auswahl; Langer, NZA Beil. 3/1991, 23, (28 f.); Hambitzer, Wiedereinstellungsanspruch, S. 43 f.; Strathmann, Wiedereinstellungsanspruch, S. 47

den Anspruchsgrundlage, abgelehnt[409] mit der Begründung, dass dadurch die Unterschiede der einzelnen Fallgruppen nivelliert und die maßgeblichen Wertungsgrundlagen verdeckt würden.[410] Daher ist im Folgenden zu untersuchen, ob das bisher gefundene Ergebnis eines allgemeinen Wiedereinstellungsanspruchs aufgrund gesetzesimmanenter Rechtsfortbildung evtl. in Einzelfällen wegen des Vorliegens spezieller Wertungsgesichtspunkte noch korrigiert werden muss.

a) Verdachtskündigung

Für einen Wiedereinstellungsanspruch nach einer Verdachtskündigung existieren verschiedene spezielle Begründungsansätze. Eine Meinung will auf den in § 904 BGB enthaltenen Aufopferungsgedanken abstellen.[411] Bei einer Verdachtskündigung, die auf einem unzutreffenden Vorwurf beruhe, müsse der Arbeitnehmer gegenüber dem Arbeitgeber aus höherrangigen Interessen auf seinen Arbeitsplatz verzichten.[412] Das rechtfertige einen Aufopferungsanspruch gegenüber dem Arbeitgeber, wenn sich herausstelle, dass der Vorwurf nicht ernsthaft aufrechtzuerhalten sei.[413] Sowohl die analoge Anwendung des § 904 Abs. 2 BGB als auch die Annahme eines allgemeinen privatrechtlichen Aufopferungsanspruchs, dessen Anerkennung umstritten ist[414], setzt das Zurücktreten eines geringer bewerteten Interesses gegenüber einem höheren oder dem Allgemeininteresse aus besonderem Anlass voraus.[415] Es geht also nicht um die regelmäßige, sondern die ausnahmsweise Einschränkung oder Aufhebung des Interessenschutzes.[416] Diese Situation ist auf die Verdachtskündigung nicht übertragbar. Erkennt man den Verdacht als Kündigungsgrund an, dann handelt es sich bei der Verdachtskündigung nicht

409 Langenbucher, ZfA 1999, 299, (305 f.); Nicolai/Noak, ZfA 2000, 87, (96); Zwanziger, BB 1997, 42; Ricken, NZA 1998, 461, (464)
410 Langenbucher, ZfA 1999, 299, (305)
411 Zwanziger, BB 1997, 42, (45)
412 Zwanziger, BB 1997, 42 (45)
413 Zwanziger, BB 1997, 42, (45)
414 Siehe dazu unter XII. 2.
415 Deutsch, Allgemeines Haftungsrecht, Rn. 717
416 Deutsch, Allgemeines Haftungsrecht, Rn. 717; Konzen, Aufopferung im Zivilrecht, S. 101 ff.; Fikentscher, SchuldR, § 112, Rn. 1348

um einen ausnahmsweise zu duldenden Eingriff in fremde Interessen, sondern der Arbeitgeber macht mit der Kündigung von einem ihm regulär zustehenden Recht Gebrauch.[417]

Zur Rechtfertigung eines Wiedereinstellungsanspruchs des Arbeitnehmers nach einer Verdachtskündigung wird außerdem vielfach auf den Grundsatz der Rehabilitierung i. V. m. der Beeinträchtigung des allgemeinen Persönlichkeitsrechts des Arbeitnehmers verwiesen.[418] Die in der Verdachtskündigung liegende Ehrkränkung des Arbeitnehmers gebietet nach allgemeiner Rechtsüberzeugung eine Wiedergutmachung für den Fall, dass sich der Verdacht nachträglich als unbegründet erweise.[419] Dieser Ansicht ist zuzugeben, dass die Kündigung aufgrund eines falschen Verdachts das Persönlichkeitsrechts des betroffenen Abeitnehmers berührt, indem sie stigmatisierende und damit ehrbeeinträchtigende Wirkung entfaltet. Allerdings stellt diese Erkenntnis noch keine Rechtsgrundlage für einen Wiedereinstellungsanspruch dar.[420] Der Grundsatz der Rehabilitierung läuft letztlich auf allgemeine Billigkeitserwägungen,[421] also auf § 242 BGB[422] hinaus, sodass sich ein Wiedereinstellungsanspruch bei dieser Betrachtung dogmatisch nur unmittelbar auf Treu und Glauben stützen ließe.[423] Wenn auch im Ergebnis nicht zu beanstanden, so ist doch die direkte Anwendung des § 242 BGB ohne Subsumtion unter ein bestimmtes als Ausprägung von Treu und Glauben anerkanntes Prinzip recht konturenlos. Demgegenüber erscheint auch eine Anspruchsbegründung anhand der Regelungsziele des KSchG sachnäher und konkreter fassbar.

---

417 Ebenso v. Stein, Fehleinschätzungen, S. 172

418 Nicolai/Noak, ZfA 2000, 87, (101 f.); Langer, NZA Beil. 3/1991, 23, (27); Larenz, Anm. zu BAG v. 24.11.1956, AP Nr. 4 zu § 611 BGB Fürsorgepflicht; Raab, RdA 2000, 147, (148); Otto, in: FS Kraft, 451, (461); Ricken, NZA 1998, 460, (464)

419 Larenz, Anm. zu BAG v. 24.11.1956, AP Nr. 4 zu § 611 BGB Fürsorgepflicht; Langer, NZA Beil. 3/1991, 23, (27)

420 Ebenso v. Stein, Fehleinschätzungen, S. 114

421 Deutlich bei: Ricken, NZA 1998, 460, (464); Otto, in: FS Kraft, 451, (461)

422 Larenz, Anm. zu BAG v. 24.11.1956, AP Nr. 4 zu § 611 BGB Fürsorgepflicht, der den Gedanken der Rehabilitierung unmittelbar aus § 242 BGB herleitet

423 Larenz, Anm. zu BAG v. 24.11.1956, AP Nr. 4 zu § 611 BGB Fürsorgepflicht

b) Wiedereinstellungsanspruch nach betriebsbedingter Kündigung

Bei einem Wegfall betriebsbedingter Kündigungsgründe soll nach einer Ansicht der Wiedereinstellungsanspruch des Arbeitnehmers aus einer erweiternden Auslegung des § 1 Abs. 3 KSchG folgen.[424] Da bei sozial schwächeren Arbeitnehmern aufgrund der längeren Kündigungsfristen umso eher die Möglichkeit eines Wegfalls des Kündigungsgrundes bestehe, widerspräche es dem Zweck des § 1 Abs. 3 KSchG, der gerade auf den Schutz solcher Arbeitnehmer gerichtet sei, wenn der Arbeitgeber die Situation eines nur vorübergehend bestehenden betriebsbedingten Kündigungsgrundes für sich ausnutzen könnte, um einen Austausch zu Lasten sozial besonders schutzwürdiger Arbeitnehmer vorzunehmen.[425] Diese Argumentation ist jedoch bedenklich im Hinblick darauf, dass § 1 Abs. 3 KSchG nicht pauschal den Verbleib sozial schwächerer Arbeitnehmer im Betrieb sichern will, sondern nur deren bevorzugten Schutz im Verhältnis zu vergleichbaren sozial weniger schutzbedürftigen Arbeitnehmern. Die Anwendung der Vorschrift setzt also das Vorhandensein vergleichbarer Arbeitnehmer voraus. Übertragen auf die Situation des Wiedereinstellungsanspruchs bedeutet dies, dass die generelle Nichtwiedereinstellung zu einer Benachteiligung der sozial schwächeren gekündigten Arbeitnehmer im Vergleich zu den übrigen von der Kündigung betroffenen und damit vergleichbaren Arbeitnehmern führen müsste. Dies ist aber nicht ersichtlich, da die Versagung eines Wiedereinstellungsanspruchs für alle Arbeitnehmer gleichermaßen gilt. Zudem bereitet der kollektive Charakter des § 1 Abs. 3 KSchG Schwierigkeiten für den Fall, dass nur einem einzelnen Arbeitnehmer betriebsbedingt gekündigt wurde und dann aus dieser Vorschrift ein Wiedereinstellungsanspruch hergeleitet werden soll.

Auch in methodischer Hinsicht ist die Begründung eines Wiedereinstellungsanspruchs aus einer erweiternden Auslegung des § 1 Abs. 3 KSchG zweifelhaft. Die Grenze der Auslegung bildet in Abgrenzung zur Rechtsfortbildung nach allgemeiner Ansicht der mögliche Wortsinn des Gesetzes. Bei einer erweiternden Auslegung nähert sich die Interpretation der weitestmöglichen Wortbedeutung, bewegt sich aber immer noch innerhalb der Grenze des nach dem Sprachgebrauch möglichen Wort-

424 Zwanziger, BB 1997, 42, (43); ders. NJW 1995, 916, (918)

425 Zwanziger, BB 1997, 42, (43); ders. NJW 1995, 916, (918)

sinns.[426] § 1 Abs. 3 KSchG erklärt bei fehlerhafter Sozialauswahl die betriebsbedingte Kündigung für sozial ungerechtfertigt und enthält damit eine weitere Wirksamkeitsvoraussetzung der betriebsbedingten Kündigung. Die Vorschrift bewegt sich damit auch bei weitestmöglicher Ausdehnung ihres Wortsinns auf der Ebene der Tatbestandsvoraussetzungen einer rechtswirksamen Kündigung. Es würde die Grenze des möglichen Sinnbereichs des Wortlauts nach allgemeinem Sprachgebrauch sprengen, wollte man dieser Norm anspruchsbegründende Wirkung im Sinne eines Wiedereinstellungsanspruchs beimessen. Ein solches Ergebnis ließe sich daher wenn überhaupt nur im Wege der Rechtsfortbildung erzielen. Wie oben dargestellt, sprechen jedoch auch inhaltliche Einwände gegen die Herleitung eines Wiedereinstellungsanspruchs aus dieser Norm. Die Begründung eines Wiedereinstellungsanspruchs des Arbeitnehmer speziell für die betriebsbedingte Kündigung mittels einer erweiternden Auslegung des § 1 Abs. 3 KSchG ist somit nicht möglich.

Da weitere spezielle Rechtsgrundlagen für einen Wiedereinstellungsanspruch nach betriebsbedingter Kündigung nicht ersichtlich sind, ist an dem bereits gewonnenen Ergebnis der Bejahung eines Wiedereinstellungsanspruchs aufgrund einer gesetzesimmanenten Rechtsfortbildung anhand des Regelungszwecks des KSchG festzuhalten.

c) Der Wiedereinstellungsanspruch nach personenbedingter Kündigung

Soweit in der Literatur ein Wiedereinstellungsanspruch nach personen-, insbesondere krankheitsbedingter Kündigung abgelehnt wird, laufen die Begründungen zumeist auf Risikoerwägungen[427] oder das Fehlen einer Anspruchsgrundlage[428] hinaus. Im Hinblick auf die obigen Erörterungen ist demgegenüber ein Wiedereinstellungsanspruch grundsätzlich auch bei personenbedingter Kündigung zu bejahen, da das Regelungsziel des KSchG, den Arbeitnehmer vor dem grundlosen Arbeitsplatzverlust zu bewahren, zunächst unabhängig von der Art des Kündigungsgrundes gilt.

---

426 Bydlinski, Juristische Methodenlehre, S. 440 f.; Larenz/Canaris, Methodenlehre, S. 174 f.; Engisch, Einführung, S. 100 ff.

427 Preis, Anm. zu LAG Köln v. 10.01.1989, LAGE § 611 BGB Einstellungsanspruch Nr. 1

428 Zwanziger, BB 1997, 42, (43); Nicolai/Noak, ZfA 2000, 87, (100 f.)

Allerdings wurde bereits festgestellt, dass das Fehlprognoserisiko im Einzelfall ausschließlich den Arbeitnehmer treffen kann. Von einer alleinigen Zurechnung dieses Risikos an den Arbeitnehmer ist - wie an anderer Stelle bereits erörtert[429] - dann auszugehen, wenn der Wegfall des Kündigungsgrundes nur auf das willensgesteuerte Verhalten des Arbeitnehmers zurückzuführen ist. Dieser hätte es sonst in der Hand, durch sein Handeln das Kündigungsrecht des Arbeitgebers beliebig auszuhöhlen. Das stünde indirekt im Widerspruch zum Charakter der Kündigung als einseitige Gestaltungserklärung, bei der die Gestaltungswirkung unabhängig vom Willen des Gestaltungsgegners eintritt. Zwar könnte der Arbeitnehmer formal den Eintritt der Gestaltungswirkung nicht verhindern, da die Arbeitgeberkündigung wirksam bleibt, jedoch hätte er die Möglichkeit, durch sein Verhalten den Verlust des Arbeitsplatzes und damit die tatsächlichen Wirkungen der Kündigung zu beeinflussen. So kann beispielsweise die nach Zugang der Kündigung erfolgende Entscheidung des Arbeitnehmers zu einer Therapie, Operation oder Fortbildungsmaßnahme, sofern diese im konkreten Fall zu einem Ausschluss der negativen Zukunftsprognose führt,[430] keinen Wiedereinstellungsanspruch des Arbeitnehmers begründen. Dabei kann sich im Einzelfall ein Ausschluss des Wiedereinstellungsanspruchs bereits aus dem Gesichtspunkt des venire contra factum proprium ergeben. Hat z. B. ein Arbeitnehmer vor der Kündigung die Einwilligung in eine Operation abgelehnt, gründete auf dieser Entscheidung die negative Zukunftsprognose und hat er damit die Kündigung ausgelöst, dann setzt er sich durch eine nach der Kündigung erfolgende Einwilligung in Widerspruch zu seinem vorherigen Verhalten, was die Berufung auf einen Wiedereinstellungsanspruch rechtsmissbräuchlich erscheinen lässt. Der Arbeitgeber ist nicht gehalten, die von ihm getroffene Disposition (Kündigung) aufgrund einer bloßen Willensänderung des Arbeitnehmers faktisch wieder rückgängig zu machen. Aber selbst, wenn dem Arbeitnehmer kein widersprüchliches Verhalten zum Vorwurf gemacht werden kann, ist ein Wiedereinstellungsanspruch wegen eines Handelns des Arbeitnehmers, das zu einem Wegfall des

---

429 Unter VII. 2. a) bb), S. 46

430 Boewer weist darauf hin, dass solche Maßnahmen nur in seltenen Fällen vor Ablauf der Kündigungsfrist ihren Abschluss gefunden haben werden und damit in der Regel noch keine beweiskräftige Grundlage für eine Progonoseänderung bilden, Boewer, NZA 1999, 1121, (1130)

Kündigungsgrundes führt, z. B. einer erfolgreichen Fortbildungsmaßnahme, abzulehnen, da das willentliche Verhalten des Arbeitnehmers und eine dadurch bewirkte Änderung der Prognose allein in seinen Risikobereich fällt. Dagegen können nachträgliche Wunderheilungen oder die Wiedererteilung von Lizenzen (z. B. Arbeitserlaubnis) durchaus einen Wiedereinstellungsanspruch begründen.

Anders ist der Fall zu beurteilen, dass ein Arzt von vornherein eine objektiv falsche Prognose über den Krankheitsverlauf gestellt hat. Eine Ansicht will in diesen Konstellationen für die Frage eines Wiedereinstellungsanspruchs des Arbeitnehmers danach differenzieren, ob es sich um einen Vertrauensarzt des Arbeitgebers gehandelt habe und dementsprechend eine Risikoverteilung bzgl. der ärztlichen Fehlprognose vornehmen.[431] Dem ist nicht zuzustimmen. Die auf einem falschen ärztlichen Gutachten beruhende Arbeitgeberprognose ist von vornherein objektiv falsch und nicht erst durch nachträglich eintretende Umstände unrichtig geworden. Damit fehlt es von Anfang an an einem Kündigungsgrund.[432] Das bedeutet, dass die Kündigung in diesem Fall sozial ungerechtfertigt und damit unwirksam ist, es sei denn, der Kündigungsmangel wird gem. §§ 4, 7 KSchG geheilt oder die rechtzeitig erhobene Klage wird rechtskräftig abgewiesen.[433] Dieses Ergebnis rechtfertigt sich daraus, dass es dem Arbeitnehmer möglich sein muss, die auf einem Sachverständigengutachten beruhende Prognose des Arbeitgebers im Kündigungsschutzprozess zu widerlegen und daraufhin im Rechtsstreit zu obsiegen. Verzichtet der Arbeitnehmer dagegen auf seine prozessualen Mittel oder nutzt er sie erfolglos, dann ist nicht ersichtlich, weshalb er zusätzlich noch die Chance einer Wiedereinstellung haben sollte.[434] Der Wiedereinstellungsanspruch dient nicht dem Zweck, Versäumnisse des Arbeitnehmers bei der Geltendmachung der Unwirksamkeit einer Kündigung auszugleichen.

---

431 Preis, Anm. zu LAG Köln v. 10.01.1989, LAGE § 611 BGB Einstellungsanspruch Nr. 1, unter II. 4. c) bb)

432 Ebenso Otto, in: FS Kraft, 1998, 451, (455)

433 Ebenso Otto, in: FS Kraft, 1998, 451, (455); anders Strathmann, Wiedereinstellungsanspruch, S. 32 f., die einen Wiedereinstellungsanspruch des Arbeitnehmers befürwortet

434 Otto, in: FS Kraft, 1998, 451, (455)

d) Wiedereinstellungsanspruch nach verhaltensbedingter Kündigung

Grundsätzlich stellt die gesetzesimmanente Rechtsfortbildung auch eine Rechtsgrundlage für die Annahme eines Wiedereinstellungsanspruchs nach verhaltensbedingter Kündigung dar. Praktisch ist aber kaum ein Fall denkbar, in dem ein Wegfall des Kündigungsgrundes bei einer verhaltensbedingten Kündigung keine Verhaltensänderung des Arbeitnehmers voraussetzt, sodass diesen letztlich stets das Fehlprognoserisiko trifft. Das in der Literatur angeführte Beispiel, wonach ein Arbeitnehmer verhaltensbedingt aufgrund von Streitigkeiten mit einem Arbeitskollegen gekündigt wurde und besagter Kollege anschließend aus dem Betrieb ausscheidet,[435] bildet dabei keine Ausnahme. Das Ausscheiden des Arbeitskollegen aus dem Betrieb führt noch zu keinem Wegfall des Kündigungsgrundes,[436] weil dadurch noch nicht erwiesen ist, dass sich der verhaltensbedingte gekündigte Arbeitnehmer selbst in Zukunft integrationsfähig zeigen wird. Das bloße Fehlen von Anhaltspunkten dafür, dass es in Zukunft zu ähnlichen Konfliktsituationen kommen könnte, reicht dabei noch nicht aus, um das zerstörte Vertrauensverhältnis zum Arbeitgeber wiederherzustellen, denn die Kündigung beruht auf dem persönlichen Verhalten des gekündigten Arbeitnehmers und dieser hat mit dem Ausscheiden des Kollegen noch nicht seine eigene Besserung bewiesen. Dagegen wird in der Literatur zum Teil ein Wiedereinstellungsanspruch generell auch bei verhaltensbedingter Kündigung bejaht.[437] Wenn sich beispielsweise die Leistung, die Pünktlichkeit o. ä. während des Laufs der Kündigungsfrist nachweisbar und dauerhaft verlässlich verbessert haben sollte, sei ein Wiedereinstellungsanspruch des Arbeitnehmers anzuerkennen.[438] Nach dieser Auffassung sind also entgegen der hier vertretenen Ansicht nachträgliche Verhaltensänderungen des Arbeitnehmers grundsätzlich geeignet, einen Wiedereinstellungsanspruch auszulösen, wenngleich ein nachweisbarer Wegfall des Kündigungsgrundes aufgrund einer bloßen Verhaltensänderung des Arbeitnehmers häufig abgelehnt wird. Zur Begründung wird angeführt, dass die verhaltensbedingte Kündigung

435 Hinrichs, Anm. zu BAG v. 27.02.1997, AiB 1997, 615, (616)

436 Ebenso Strathmann, Wiedereinstellungsanspruch, S. 39

437 Nägele, BB 1998, 1686, (1687); Hinrichs, Anm. zu BAG v. 27.02.1997, AiB 1997, 615, (616)

438 Hinrichs, Anm. zu BAG v. 27.02.1997, AiB 1997, 615, (616)

Sanktionscharakter erhalte, wollte man dem Arbeitnehmer nicht die Möglichkeit eröffnen, sein Fehlverhalten nachträglich zu korrigieren.[439] Zunächst ist festzustellen, dass entgegen einer teilweise vertretenen Ansicht[440] die Möglichkeit einer nachweisbaren Prognoseänderung aufgrund eines Wohlverhaltens des Arbeitnehmers nach Ausspruch der Kündigung nicht schon von vornherein als ausgeschlossen betrachtet werden kann.[441] Es ist nicht ersichtlich, warum eine störungsfreie Zusammenarbeit nach

Kündigungsausspruch im Einzelfall nicht geeignet sein soll, das zerstörte Vertrauensverhältnis zum Arbeitgeber nachweisbar wiederherzustellen. Denn das Vertrauen des Arbeitgebers bezieht sich auf die Möglichkeit zukünftiger reibungsloser Zusammenarbeit mit dem Arbeitnehmer. Hat sich dieser aber beispielsweise während einer langen Kündigungsfrist ständig vertragsgetreu verhalten und damit über einen repräsentativen Zeitraum von seinem früheren Fehlverhalten Abstand genommen, kann dies unter Umständen eine Änderung der ursprünglichen Prognose rechtfertigen, da man dem Arbeitnehmer sonst böswillige Taktik unterstellen müsste. Die Annahme einer Prognoseänderung nach Ausspruch der Kündigung erscheint auch nicht fernliegend, da die Kündigung trotz vorhergehender Abmahnungen eine gewisse Schockwirkung entfalten kann und damit möglicherweise zu einem Umdenken des Arbeitnehmers führt. Mithin kann ein nachträgliches Wohlverhalten des Arbeitnehmers durchaus den Wegfall des Kündigungsgrundes bewirken. Dennoch ist ein Wiedereinstellungsanspruch des Arbeitnehmers in diesen Fällen nicht anzuerkennen. Zwar darf die Kündigung des Arbeitgebers keinen Selbstzweck verfolgen, wie sie ihn etwa durch einen Sanktionscharakter erhielte, jedoch würde es dem Charakter der Kündigung als Gestaltungserklärung widersprechen, wenn der Arbeitnehmer durch sein Verhalten zumindest die faktischen Wirkungen der Kündigung abmildern oder sogar beseitigen könnte. Zudem erhielte die ordentliche verhaltensbedingte Kündigung auf diese Weise nahezu Abmahnungsfunktion und würde dadurch weitgehend sinnentleert. Denn die Kündigung soll als ultima ratio nach fruchtlosen vorangegangenen Abmahnun-

439 Hinrichs, Anm. zu BAG v. 27.02.1997, AiB 1997, 615, (616)

440 Raab, RdA 2000, 147, (153); Preis, Anm. zu LAG Köln v. 10.01.1989, § 611 BGB Einstellungsanspruch Nr. 1; Ertl, DStR 2001, 442, (444)

441 Ebenso Westera, Wiedereinstellungsanspruch, S. 62

gen das Arbeitsverhältnis endgültig beenden und dem Arbeitnehmer nicht eine letzte Möglichkeit einräumen, durch eine Änderung seines Verhaltens Einfluss auf den Bestand des Arbeitsverhältnisses zu nehmen. Schließlich spricht bei der verhaltensbedingten Kündigung noch das Verbot widersprüchlichen Verhaltens gegen die Berufung des Arbeitnehmers auf Wiedereinstellung wegen einer persönlichen Verhaltensänderung. Eine ordentliche verhaltensbedingte Kündigung setzt voraus, dass sich der Arbeitnehmer zuvor wiederholt trotz Androhung einer Kündigung pflichtwidrig verhalten hat. Ändert er nach Ausspruch der Kündigung plötzlich sein Verhalten und stützt darauf die Geltendmachung eines Wiedereinstellungsanspruchs, verlangt also die tatsächliche Beseitigung der Kündigungswirkungen, dann liegt darin ein Widerspruch zu seinem Vorverhalten, der die Berufung auf den an sich bei Wegfall des Kündigungsgrundes zu bejahenden Wiedereinstellungsanspruch des Arbeitnehmers rechtsmissbräuchlich macht. Bei verhaltensbedingter Kündigung ist somit ein Wiedereinstellungsanspruch des Arbeitnehmers abzulehnen.

VIII. Voraussetzungen des Wiedereinstellungsanspruchs

1. Erwiesene Fehlprognose des Arbeitgebers

Voraussetzung eines Wiedereinstellungsanspruchs des Arbeitnehmers ist zunächst, dass sich die bei Ausspruch der Kündigung angestellte Prognose des Arbeitgebers im Nachhinein aufgrund einer Veränderung der tatsächlichen Umstände als unrichtig erweist.[442] Nicht gefolgt werden kann dagegen der von einer Ansicht im Schrifttum geäußerten Leitformel, je gesicherter die Prognose im Kündigungszeitpunkt sei, desto weniger gerechtfertigt sei die Annahme eines Anspruchs auf Vertragsfortsetzung bei nachträglicher Erkenntnis einer Fehlprognose.[443] Der Wiedereinstellungsanspruch gründet darauf, dass die Wirksamkeit einer Kündigung nur nach den objektiven Verhältnissen zum Zeitpunkt des Kündigungszugangs beurteilt wird und somit später eintretende Veränderungen bezüglich der Kündigungsgründe keine Berücksichtigung finden, obwohl diese vom Schutzzweck des KSchG gefordert wäre. Daher macht es für die Rechtfertigung eines Wiedereinstellungsanspruchs keinen Unterschied, wie abgesichert und objektiv nachvollziehbar die Ausgangsprognose war, wenn sie durch die tatsächliche Entwicklung nach Kündigungsausspruch widerlegt wird. Denn die Festlegung des Beurteilungszeitpunkts auf den Kündigungszugang und die Anwendung des Prognoseprinzips soll den gesetzlich intendierten Bestandsschutz des Arbeitnehmers im Ergebnis möglichst wenig beeinträchtigen. War die negative Zukunftsprognose des Arbeitgebers dagegen von vornherein, das heißt schon zum entscheidungserheblichen Zeitpunkt des Zugangs der Kündigungserklärung, nicht plausibel bzw. nicht hinreichend sachlich begründet, dann ist bereits die Kündigung rechtsunwirksam, sodass es eines Wiedereinstellungsanspruchs des Arbeitnehmers zur Sicherung des Be-

442 Boewer, NZA 1999, 1121, (1129); Nägele, BB 1998, 1686, (1687); Furier, AiB 1999, 246

443 So aber Preis, Anm. zu LAG Köln v. 10.01.1989, LAGE § 611 BGB Einstellungsanspruch Nr. 1

standsschutzes nicht bedarf. Die Wirksamkeit der Kündigung des Arbeitgebers ist somit Ausgangspunkt für die Annahme eines Wiedereinstellungsanspruchs.

Die ursprüngliche Prognose des Arbeitgebers muss sich erwiesenermaßen nachträglich als falsch herausstellen.[444] Bloße Zweifel reichen nicht aus, um die Ausgangsprognose des Arbeitgebers beweiskräftig zu widerlegen[445] und auch aus Gründen der Rechtssicherheit und der gerechten Risikoverteilung muss die Fehlprognose zweifelsfrei feststehen.[446] Der Nachweis, dass das Arbeitsverhältnis auch über den Ablauf der Kündigungsfrist hinaus störungsfrei und unbelastet fortgesetzt werden kann, dürfte bei personen- und insbesondere verhaltensbedingten Kündigungen schwer zu führen sein, ist aber nicht ausgeschlossen.

a) Weiterbeschäftigungsanspruch auf einem anderen Arbeitsplatz (§ 1 Abs. 2 Satz 2 Nr. 1. b) KSchG)

Der 7. Senat des BAG hat sich wegen der Verknüpfung des Wiedereinstellungsanspruchs mit dem durch § 1 KSchG intendierten Bestandsschutz in seiner Entscheidung vom 28.06.2000 dafür ausgesprochen, einen Wiedereinstellungsanspruch nicht nur dann anzunehmen, wenn wider Erwarten der bisherige Arbeitsplatz des Arbeitnehmers doch erhalten bliebe, sondern ihn auch in den Fällen vorzusehen, in denen sich eine anderweitige Beschäftigungsmöglichkeit auf einem unvorhergesehen frei werdenden oder neu geschaffenen Arbeitsplatz ergebe, auf den der Arbeitgeber den Arbeitnehmer ohne Änderung des Arbeitsverhältnisses einseitig umsetzen könnte.[447] Diese Ausdehnung der zum Wiedereinstellungsanspruch führenden Sachverhalte stößt in der Literatur vielfach auf

---

444 Boewer, NZA 1999, 1121, (1130); Preis, Anm. z. LAG Köln v. 10.01.1989, LAGE § 611 BGB Einstellungsanspruch Nr. 1, unter II.4.a)

445 Boewer, NZA 1999, 1121, (1130)

446 Preis, Anm. zu LAG Köln v. 10.01.1989, LAGE § 611 BGB Einstellungsanspruch Nr. 1, unter II.4.a)

447 BAG v. 28.06.2000, ZIP 2000, 1781, (1784); ebenfalls bejahend: Preis, Prinzipien, S. 355; v. Stein, RdA 1991, 85, (89); Boewer, NZA 1999, 1121, (1132); KR-Etzel, § 1 KSchG, Rn. 734; Kittner/Zwanziger, § 1 KSchG, Rn. 390 d

Kritik.[448] Es wird auf den unzumutbaren Aufwand für den Arbeitgeber, insbesondere in größeren Unternehmen verwiesen, bei jeder frei werdenden Stelle prüfen zu müssen, ob ein bereits gekündigter Arbeitnehmer auf diesem Arbeitsplatz weiterbeschäftigt werden könnte.[449] Eine Ansicht schlägt deshalb eine Begrenzung der Prüfung für den Arbeitgeber auf Evidenzfälle vor.[450]

Trotz dieser Einwände ist dem Ansatz des 7. Senats des BAG zu folgen. Dies ergibt sich aus der dogmatischen Herleitung des Wiedereinstellungsanspruchs aus dem Regelungszweck des KSchG. Danach bildet der Wiedereinstellungsanspruch das notwendige Korrektiv für die Arbeitgeberprognose im Zeitpunkt des Kündigungszugangs. Diese Prognose bezieht sich aber auch darauf, dass zukünftig keine anderweitige Beschäftigungsmöglichkeit für den Arbeitnehmer im Unternehmen entsteht.[451] Eine sich nach Kündigungsausspruch ergebende Weiterbeschäftigungsmöglichkeit führt letztlich dazu, dass der Arbeitnehmer seinen Arbeitsplatz ohne triftigen Grund verliert, was das KSchG gerade verhindern möchte. Eine Beschränkung des gesetzlich intendierten Bestandsschutzes ist nicht gerechtfertigt. Hinzu kommt, dass der Arbeitgeber bereits gegenwärtig bei jeder Kündigung prüfen muss, ob die Möglichkeit einer Weiterbeschäftigung auf einem anderen Arbeitsplatz im Unternehmen besteht oder zukünftig vorhersehbar entsteht.[452] Gerade gegenüber der Pflicht, zukünftig entstehende Möglichkeiten einer anderweitigen Beschäftigung zu berücksichtigen, erscheint es nicht als wesentliches Erschwernis, bei einer tatsächlich frei werdenden Stelle entsprechend zu verfahren. Im Ergebnis ist daher ein Wiedereinstellungsanspruch auch bei einer nach Zugang der Kündigung entstehenden Möglichkeit der Weiterbeschäftigung auf einem anderen Arbeitsplatz zu bejahen.

---

448 Raab, RdA 2000, 147, (154); Oetker, Anm. zu BAG v. 28.06.2000, ZIP 2000, 1787, (1788 f.); Otto, Anm. zu BAG v. 28.6.2000, AP Nr. 6 zu § 1 KSchG 1969 Wiedereinstellung; Kort, SAE 2001, 131, (136)

449 Raab, RdA 2000, 147, (154); Oetker, Anm. zu BAG v. 28.06.2000, ZIP 2000, 1787, (1788 f.); Otto, Anm. zu BAG v. 28.6.2000, AP Nr. 6 zu § 1 KSchG 1969 Wiedereinstellung

450 Raab, RdA 2000, 147, (154); ebenso Kort, SAE 2001, 131, (136)

451 BAG v. 07.02.1991, AP Nr. 1 zu § 1 KSchG 1969 Umschulung; BAG v. 15.12.1994, AP Nr. 67 zu § 1 KSchG 1969 Betriebsbedingte Kündigung

452 Vgl. BAG v. 28.06.2000, ZIP 2000, 1781, (1784 m. w. N.)

b) *Weiterbeschäftigungsmöglichkeit unter geänderten Vertragsbedingungen oder nach zumutbaren Umschulungs- oder Fortbildungsmaßnahmen (§ 1 Abs. 2 Satz 3 KSchG)*

Konsequenterweise ist ein Wiedereinstellungsanspruch ebenfalls anzuerkennen, wenn die in § 1 Abs. 2 Satz 3 KSchG geregelten Tatbestände nach Zugang der Kündigungserklärung eintreten. Bei den Tatbeständen des § 1 Abs. 2 Satz 3 KSchG handelt es sich wie bei § 1 Abs. 2 Satz 2 KSchG um absolute Gründe der Sozialwidrigkeit.[453] Wenn eine Weiterbeschäftigungsmöglichkeit im Sinne des § 1 Abs. 2 Satz 3 KSchG bei Zugang der Kündigungserklärung besteht, ist die Kündigung stets unwirksam. Entsteht eine solche Möglichkeit später, aber noch während des Laufs der Kündigungsfrist, dann verliert der Arbeitnehmer seinen Arbeitsplatz, obwohl dies nicht mehr notwendig wäre und das nur, weil aus Rechtssicherheitsgründen als Beurteilungszeitpunkt für die Wirksamkeit der Kündigung auf den Zugang abgestellt wird. Ein solcher grundloser Arbeitsplatzverlust ist mit dem Regelungszweck des KSchG unvereinbar und deshalb durch einen Wiedereinstellungsanspruch des Arbeitnehmers zu kompensieren.

c) *Veränderung der Sozialdaten nach Zugang der Kündigung (§ 1 Abs. 3 KSchG)*

Eine andere Bewertung gilt dagegen für die in der Literatur aufgeworfene Frage, ob ein Wiedereinstellungsanspruch auch dann anzunehmen sei, wenn sich bei einer betriebsbedingten Kündigung die Voraussetzungen der Sozialauswahl nachträglich ändern.[454] Die anzustellende Arbeitgeberprognose, deren Korrektur der Wiedereinstellungsanspruch dient, bezieht sich nicht auf den Tatbestand des § 1 Abs. 3 KSchG. Die Verpflichtung des Arbeitgebers zur sozialen Auswahl dient dem Ziel, bei unvermeidbaren Kündigungen aus dem Kreis der vergleichbaren Arbeitnehmer

---

453 KR-Etzel, § 1 KSchG, Rn. 199

454 Kaiser, ZfA 2000, 205, (231 f.); Oetker, Anm. zu BAG v. 28.06.2000, ZIP 2000, 1787, (1788); bejahend: Kittner/Zwanziger, § 1 KSchG, Rn. 390 d; ablehnend: Kort, SAE 2001, 131, (136)

den sozial stärksten Arbeitnehmer ausfindig zu machen.[455] Demgegenüber geht es bei der Möglichkeit einer anderweitigen Beschäftigung gem. § 1 Abs. 2 Satz 2 und 3 KSchG sowie beim Wiedereinstellungsanspruch um die Frage, ob die Kündigung bzw. der endgültige Arbeitsplatzverlust vermeidbar ist. Zudem kann für die Beurteilung der Sozialauswahl schon nach dem Wortlaut des KSchG kein späterer Zeitpunkt als der des Zugangs der Kündigungserklärung zugrunde gelegt werden. Gem. § 1 Abs. 3 Satz 1 KSchG kommt es darauf an, ob der Arbeitgeber bei der Auswahl der Arbeitnehmer soziale Gesichtspunkte nicht oder nicht ausreichend berücksichtigt hat. Die Auswahlentscheidung des Arbeitgebers, die es zu überprüfen gilt, trifft dieser aber zum Zeitpunkt der Kündigung nicht erst später, etwa bei Ablauf der Kündigungsfrist.

Eine nach Zugang der Kündigung eintretende Veränderung der Sozialdaten der Arbeitnehmer ist somit ohne Belang und kann auch keinen Wiedereinstellungsanspruch auslösen.

2. Kündigungsschutz des Arbeitnehmers

Aus der dogmatischen Herleitung des Wiedereinstellungsanspruchs aus den Wertungen des KSchG folgt an sich als weitere Voraussetzung, dass die Kündigung den Beschränkungen des KSchG unterliegt. Dieses Ergebnis entspricht einer verbreiteten Ansicht in der Literatur.[456] Da ein nicht bestandsgeschütztes Arbeitsverhältnis jederzeit fristgemäß ohne rechtfertigenden Grund kündbar sei, könne ein nach Zugang der Kündigung eintretender Wegfall des Kündigungsgrundes weder die Legitimität der Kündigung noch die des Arbeitsplatzverlustes in Zweifel ziehen.[457] Dem Wiedereinstellungsbegehren des Arbeitnehmers, der keinen Kündigungsschutz genießt, stünde wegen der fortbestehenden Möglichkeit des Arbeitgebers, jederzeit zu kündigen, sogar die dolo-petit-Einrede entgegen.[458]

---

455 KR-Etzel, § 1 KSchG, Rn. 607

456 Boewer, NZA 1999, 1121, (1130 f.); Oetker, ZIP 2000, 643, (647); Beckschulze, DB 1998, 417, (418); Bram/Rühl, NZA 1990, 753, (756); Ertl, DStR 2001, 442, (445); Raab, Anm. zu BAG v. 28.06.2000, RdA 2001, 248, (250)

457 Oetker, ZIP 2000, 643, (647); Bram/Rühl, NZA 1990, 753, (756); Ertl, DStR 2001, 442, (445)

458 Bram/Rühl, NZA 1990, 753, (756)

Weiter oben wurde aber bereits festgestellt,[459] dass die Begründung eines Wiedereinstellungsanspruchs zeitlich begrenzt auch im Wege gesetzesübersteigender Rechtsfortbildung aus der Interessenwahrungspflicht des Arbeitgebers i.V.m. Art. 12 Abs. 1 GG erfolgen kann. Bei dieser Herleitung erscheint ein Wiedereinstellungsanspruch aber auch bei Kündigungen, die nicht dem KSchG unterfallen, möglich.[460] Denn nach Ansicht des BVerfG und eines Teils der Literatur gebietet die aus Art. 12 Abs. 1 GG folgende staatliche Schutzpflicht, dass dem Arbeitnehmer sein Arbeitsplatz nicht aus unsachlichen Gründen genommen werden darf.[461] Für Arbeitsverhältnisse, die nicht in den Anwendungsbereich des KSchG fallen, müsse der notwendige Schutz über die allgemeinen zivilrechtlichen Generalklauseln, also insbesondere § 242 BGB, gewonnen werden.[462] Danach wäre auch außerhalb des Geltungsbereichs des KSchG für die Wirksamkeit der Arbeitgeberkündigung ein sachlicher Grund erforderlich.[463] Das würde die Annahme eines Wiedereinstellungsanpruchs des gekündigten Arbeitnehmers auch in den Fällen nahelegen, in denen dieser sachliche Grund später entfiele.

Gegen diese Sichtweise spricht aber, dass der Arbeitgeber nicht auf dem Umweg über § 242 BGB gezwungen werden kann, seine Kündigungsentscheidung zu begründen.[464] Adressat der grundrechtlichen Schutzpflicht aus Art. 12 Abs. 1 GG ist in erster Linie der Staat.[465] Dieser besitzt bei der gesetzlichen Ausgestaltung des Kündigungsschutzes einen Gestaltungsspielraum.[466] Der Gesetzgeber hat sich bewusst in Abwägung der kollidierenden grundrechtlichen Interessen für die Nichtanwendung des KSchG in einem abgegrenzten Bereich und damit zugleich gegen die generelle Bindung der Kündigung an Sachgründe entschie-

459 Unter VII. 2. b) dd) (1), S. 76 ff.

460 Zu dieser Überlegung Raab, Anm. zu BAG v. 28.06.2000, RdA 2001, 248, (250)

461 BVerfG v. 27.01.1998, NJW 1998, 1475, (1476); Oetker, ArbuR 1997, 41, (51); ErfK/Dieterich, Art. 12 GG, Rn. 36; Kittner, ArbuR 1997, 182, (190); Lakies, DB 1997, 1078, (1081)

462 BVerfG v. 27.01.1998, NJW 1998, 1475, (1476); Oetker, ArbuR 1997, 41, (51); ErfK/Dieterich, Art. 12 GG, Rn. 36; Lakies, DB 1997, 1078, (1081)

463 Oetker, ArbuR 1997, 41, (52)

464 Wank, in: FS Hanau, 1999, 295, (306); Boemke/Gründel, ZfA 2001, 245, (277 ff.); Otto, in: FS Wiese, 1998, 353, (367)

465 Boemke/Gründel, ZfA 2001, 245, (278)

466 Oetker, ArbuR 1997, 41, (52); Preis, NZA 1997, 1256, (1257)

den.[467] Diese vom Gesetzgeber vorgenommene Grenzziehung ist zu beachten. Folglich ist die Annahme eines Wiedereinstellungsanspruchs außerhalb des Geltungsbereichs des KSchG abzulehnen.

Nicht erforderlich für die Begründung des Wiedereinstellungsanspruchs ist dagegen, dass sich der Arbeitnehmer zuvor gegen die ausgesprochene Kündigung durch eine Kündigungsschutzklage zur Wehr setzt.[468] Denn die Wirksamkeit der Kündigung steht gerade nicht in Frage.[469] Der einsichtige Arbeitnehmer, der die Wirksamkeit der Kündigung anerkennt, kann nicht schlechtergestellt werden als derjenige, der gegen eine materiell wirksame Kündigung eine ansich unbegründete Kündigungsschutzklage erhebt.[470]

3. Keine überwiegenden Interessen des Arbeitgebers

Das BAG[471] und die vorherrschende Meinung im Schrifttum[472] verneinen einen Wiedereinstellungsanspruch, wenn überwiegende Interessen des Arbeitgebers entgegenstehen. Die Legitimation dieser Einschränkung ergibt sich bereits verfassungsrechtlich daraus, dass die Beeinträchtigung der Abschlussfreiheit des Arbeitgebers nicht unverhältnismäßig sein darf, mithin die Begründung des Arbeitsverhältnisses unter dem Vorbehalt der

467 Preis, NZA 1997, 1256, (1265)

468 Boewer, NZA 1999, 1121, (1130); MünchHdb. ArbR II/Berkowsky, § 134, Rn. 84; v. Stein, RdA 1991, 85, (88); Beckschulze, DB 1998, 417, (418); Löwisch, KSchG, § 1, Rn. 82; Preis, Anm. zu LAG Köln v. 10.01.1989, LAGE § 611 BGB Einstellungsanspruch Nr. 1, unter III.; KR-Etzel, § 1 KSchG, Rn. 735; Ertl, DStR 2001, 442, (445)

469 Löwisch, KSchG, § 1, Rn. 82; KR-Etzel, § 1 KSchG, Rn. 735; Boewer, NZA 1999, 1121, (1130)

470 MünchHdb. ArbR II/Berkowsky, § 134, Rn. 84

471 BAG v. 27.02.1997, SAE 1998, 98, (102); BAG v. 28.06.2000, ZIP 2000, 1781, (1785)

472 Boewer, NZA 1999, 1121, (1131 f.); Oetker, ZIP 2000, 643, (647); Meinel/Bauer, NZA 1999, 575, (578 f.); Nägele, BB 1998, 1686, (1688); Raab, RdA 2000, 147, (155 f.); Hambitzer, NJW 1985, 2239, (2240 f.); Bram/Rühl, NZA 1990, 753, (755 f.); a. A.: Nicolai/Noak, ZfA 2000, 87, (106 ff.); Zwanziger, BB 1997, 42, (43)

Zumutbarkeit für den Arbeitgeber steht.[473] Die Schwierigkeit besteht nun in der Konkretisierung dieser Zumutbarkeitsgrenze.

a) Keine anderweitigen Dispositionen

Überwiegend wird eine Pflicht zur Wiedereinstellung abgelehnt, wenn der Arbeitgeber über den Arbeitsplatz des gekündigten Arbeitnehmers bereits anderweitig disponiert hat, insbesondere den Arbeitsplatz zwischenzeitlich schon wieder besetzt hat.[474] Eine Ausnahme soll gelten, wenn der Arbeitgeber dabei nicht in gutem Glauben gehandelt hat.[475]

Die Versagung des Wiedereinstellungsanspruchs bei entgegenstehenden Dispositionen des Arbeitgebers betrifft die Frage der Zumutbarkeit der Abschlusspflicht als solcher.[476] Die so gewählte Konkretisierung der Zumutbarkeitsgrenze für den Arbeitgeber bedarf einer Rechtfertigung, die sich aus der im KSchG verankerten Interessenbewertung ergibt. Das KSchG erstrebt neben dem Bestandsschutz für den Arbeitnehmer auch die Sicherung der Dispositionsfreiheit der Arbeitsvertragsparteien, die sich insbesondere aus der Regelung der Klagefrist ergibt. Nach einer wirksamen Kündigung können die Parteien grundsätzlich von der endgültigen Beendigung des Arbeitsverhältnisses ausgehen und dementsprechend disponieren. Folglich sind Dispositionen, die im Vertrauen auf den Fortbestand der Kündigungsgründe getätigt wurden, schutzwürdig. Diese Situation wird bei personenbedingten Kündigungen oder Verdachtskündigungen relevant.[477] Dort ist der Arbeitgeber meist darauf angewiesen, für den ausscheidenden Arbeitnehmer schnell eine Ersatzkraft zu finden.

---

473 Vgl. Oetker, ZIP 2000, 643, (645); Hergenröder, Anm. zu BAG v. 04.12.1997, EzA § 1 KSchG Wiedereinstellungsanspruch Nr. 3

474 BAG v. 27.02.1997, SAE 1998, 98, (102); BAG v. 28.06.2000, ZIP 2000, 1781, (1785); Boewer, NZA 1999, 1121, (1131 f.); Oetker, ZIP 2000, 643, (647); Meinel/Bauer, NZA 1999, 575, (578); Nägele, BB 1998, 1686, (1688); Raab, RdA 2000, 147, (152 f.; 155 f.); a. A.: Nicolai/Noak, ZfA 2000, 87, (106 ff.); Zwanziger, BB 1997, 42, (43)

475 Vgl. BAG v. 27.02.1997, SAE 1998, 98, (102); BAG v. 28.06.2000, ZIP 2000, 1781, (1785); Meinel/Bauer, NZA 1999, 575, (578); Raab, RdA 2000, 147, (155); Bram/Rühl, NZA 1990, 753, (756)

476 Boewer, NZA 1999, 1121, (1132)

477 Bram/Rühl, NZA 1990, 753, (756); Boewer, NZA 1999, 1121, (1131); Strathmann, Wiedereinstellungsanspruch, S. 82; Westera, Wiedereinstellungsanspruch, S. 78 ff.

Bei betriebsbedingten Kündigungen kann die Neubesetzung des Arbeitsplatzes dagegen regelmäßig nicht im guten Glauben erfolgen.[478] Denn die Neubesetzung des Arbeitsplatzes wird bei der betriebsbedingten Kündigung in der Regel erst erforderlich, wenn sich aus Sicht des Arbeitgebers seine ursprüngliche Prognose als falsch erwiesen hat. Ab diesem Zeitpunkt ist der Arbeitgeber aber nicht mehr gutgläubig und damit nicht mehr frei in seiner Entscheidung, welchen Arbeitnehmer er einstellt. Als Maßstab für die Gutgläubigkeit des Arbeitgebers ist auf positive Kenntnis vom Wegfall des Kündigungsgrundes, nicht auf fahrlässige Unkenntnis abzustellen.[479] Denn solange der Arbeitgeber tatsächlich auf den Fortbestand der Kündigungsgründe vertraut hat, sind seine Dispositionen schutzwürdig. Es geht letztlich nur darum, rechtsmissbräuchliches Verhalten des Arbeitgebers auszuschließen.[480]

b) Zumutbarer Vertragsinhalt

Die Frage der Zumutbarkeit für den Arbeitgeber stellt sich nicht nur hinsichtlich der Abschlusspflicht als solcher, sondern auch bezüglich des konkreten Vertragsinhalts.[481] Der 2. Senat des BAG hat in diesem Zusammenhang das Beispiel angeführt, dass bei einer ursprünglich beabsichtigten Betriebsstilllegung sich später eine Veräußerungschance ergibt, wobei der Erwerber den Kauf von der vorherigen Durchführung von Rationalisierungsmaßnahmen oder der Änderung der Arbeitsbedingungen der Arbeitnehmer abhängig macht.[482] Dann sei es dem Arbeitgeber regelmäßig unzumutbar, dem wirksam gekündigten Arbeitnehmer die

478 Boewer, NZA 1999, 1121, (1131); Preis, Prinzipien, S. 355; Meinel/Bauer, NZA 1999, 575, (578); Raab, RdA 2000, 147, (156); Strathmann, Wiedereinstellungsanspruch, S. 82

479 Im Ergebnis ebenso: Raab, RdA 2000, 147, (155); Bram/Rühl, NZA 1990, 753, (756); Ricken, NZA 1998, 460, (465); Meinel/Bauer, NZA 1999, 775, (778); Ertl, DStR 2001, 442, (447)

480 Vgl. BAG v. 28.06.2000, ZIP 2000, 1781, (1785); Herdenröder, Anm. zu BAG v. 04.12.1997, EzA § 1 KSchG Wiedereinstellungsanspruch Nr. 3

481 Boewer, NZA 1999, 1121, (1132)

482 BAG v. 27.02.1997, SAE 1998, 98, (102)

Fortsetzung des bisherigen Arbeitsverhältnisses zumindest zu den bisherigen Bedingungen anzubieten.[483]

Gleiches gilt für den in der Literatur diskutierten Fall, dass der Kündigungsgrund lediglich vorübergehend wegfällt, weil der Arbeitgeber beispielsweise während der Kündigungsfrist unerwartet einen zeitlich begrenzten Anschlussauftrag erhält.[484] Hier stellt sich die Frage, ob ein befristeter Wiedereinstellungsanspruch gerechtfertigt ist.[485] Dies ist im Ergebnis zu bejahen. Die genannten Fallgruppen basieren letztlich darauf, dass der tragende Grund für die Kündigung nicht in vollem Umfang (Weiterbeschäftigungsmöglichkeit nicht zu den bisherigen, sondern nur zu veränderten Arbeitsbedingungen) oder nur zeitlich begrenzt weggefallen ist. Da der Wiedereinstellungsanspruch aber nur den vom KSchG bezweckten Bestandsschutz sicherstellen soll, wonach der Arbeitnehmer vor einem grundlosen Arbeitsplatzverlust zu schützen ist, kann der Wiedereinstellungsanspruch nicht weiter reichen als der Wegfall des Kündigungsgrundes. Anderenfalls ginge der Bestandsschutz über den Zweck des KSchG hinaus.

4. Keine negative Auswahlentscheidung

Bei betriebsbedingten Kündigungen stellt sich häufig das Problem, welchem von mehreren betriebsbedingt gekündigten Arbeitnehmern ein Wiedereinstellungsanspruch zusteht, wenn nur ein Teil der ursprünglich Beschäftigten wiedereingestellt werden kann. Der 2. Senat des BAG hat in seiner Entscheidung vom 04.12.1997 festgelegt, dass der Arbeitgeber bei der Auswahlentscheidung soziale Gesichtspunkte zu berücksichtigen habe.[486] Dabei wurde offen gelassen, ob Rechtsmaßstab der Kontrolle entweder die §§ 242, 315 BGB oder eine analoge Anwendung des § 1

---

483 BAG v. 27.02.1997, SAE 1998, 98, (102)

484 Oetker, ZIP 2000, 643, (650); Beckschulze, DB 1998, 417, (419); Boewer, NZA 1999, 1121, (1132)

485 befürwortend: Oetker, ZIP 2000, 643, (650); Beckschulze, DB 1998, 417, (419); Boewer, NZA 1999, 1121, (1132)

486 BAG v. 04.12.1997, EzA § 1 KSchG Wiedereinstellungsanspruch Nr. 3, unter B.II.5.a) der Gründe

Abs. 3 KSchG sein soll.[487] Die Auffassungen im Schrifttum sind diesbezüglich geteilt. Viele befürworten eine Heranziehung des § 1 Abs. 3 KSchG,[488] andere plädieren für eine abgeschwächte und an die zivilrechtlichen Generalklauseln gebundene Auswahlentscheidung gem. §§ 242, 315 BGB.[489] Teilweise wird die Auswahl auch in das freie Ermessen des Arbeitgebers gestellt[490] bzw. eine Wiedereinstellung nach dem Prioritätsprinzip verlangt.[491] Der 7. Senat des BAG hat sich nunmehr den Stimmen angeschlossen, die lediglich eine Berücksichtigung sozialer Belange gem. §§ 315, 242 BGB verlangen.[492]

Für die Annahme einer Bindung der Auswahlentscheidung des Arbeitgebers an soziale Gesichtspunkte bedarf es einer rechtlichen Grundlage.[493] Eine solche ist zunächst nicht ersichtlich, da das geltende Arbeitsrecht grundsätzlich weder ein sozialwidrige Einstellung noch eine sozial ungerechtfertigte Nichteinstellung kennt.[494] Anders als bei der Beendigung des Arbeitsverhältnisses hat bei seiner Begründung der Grundsatz der Vertragsfreiheit Vorrang vor der Berücksichtigung sozialer Gesichtspunkte.[495] Daher hat der 2. Senat des BAG bereits in einer Entscheidung vom 15.03.1984 eine entsprechende Anwendung des § 1 Abs. 3 KSchG bei freiwilligen Wiedereinstellungen von Arbeitnehmern abgelehnt.[496] Der Einwand des Vorrangs der Vertragsfreiheit greift jedoch

---

487 BAG v. 04.12.1997, EzA § 1 KSchG Wiedereinstellungsanspruch Nr. 3, unter B.II.5.b) u. c) der Gründe

488 KR-Etzel, § 1 KSchG, Rn. 738; Hergenröder, Anm. zu BAG v. 04.12.1997, EzA § 1 KSchG Wiedereinstellungsanspruch Nr. 3; Nicolai/Noak, ZfA 2000, 87, (107 f.); ErfK/Preis, § 613 a BGB, Rn. 111; HK-Weller/Dorndorf, § 1, Rn. 947; Hambitzer, NJW 1985, 2239, (2242); Preis, Anm. zu LAG Köln v. 10.01.1989, LAGE § 611 BGB Einstellungsanspruch Nr. 1; Zwanziger, BB 1997, 42, (43); APS/Kiel, § 1 KSchG, Rn. 795; MünchHdb. ArbR I/Buchner, § 40, Rn. 114; Boemke, Anm. zu BAG v. 27.02.1997, WiB 1997, 874; Westera, Wiedereinstellungsanspruch, S. 101 f.

489 Oetker, ZIP 2000, 643, (651); Strathmann, Wiedereinstellungsanspruch, S. 89 ff.; v. Stein, RdA 1991, 85, (89)

490 Raab, RdA 2000, 147, (157)

491 MünchHdb. ArbR II/Berkowsky, § 134, Rn. 92; Wank, Anm. zu BAG v. 15.03.1984, AP Nr. 2 zu § 1 KSchG 1969 Soziale Auswahl

492 BAG v. 28.06.2000, ZIP 2000, 1781, (1789)

493 Vgl. MünchHdb. ArbR II/Berkowsky, § 134, Rn. 89 f.

494 Vgl. BAG v. 15.03.1984, NJW 1985, 342; Boewer, NZA 1999, 1177, (1179)

495 Boewer, NZA 1999, 1177, (1179)

496 BAG v. 15.03.1984, NJW 1985, 342

nicht in den hier diskutierten Fällen eines Wiedereinstellungsanspruchs der Arbeitnehmer. Bei Bestehen eines Wiedereinstellungsanspruchs hat sie die Wiedereinstellung zur Rechtspflicht des Arbeitgebers verdichtet.[497] Anders als bei der Neueinstellung betätigt der Arbeitgeber somit nicht seine Vertragsfreiheit, sondern erfüllt ein rechtliches Gebot.[498]

Die Erforderlichkeit einer Auswahl der wieder einzustellenden Arbeitnehmer anhand sozialer Gesichtspunkt hat der 2. Senat des BAG in seiner Entscheidung vom 04.12.1997 damit begründet, dass die Rechtsprechung allein aus Gründen der Rechtssicherheit bei der Prüfung des Kündigungsgrundes auf den Zeitpunkt des Kündigungsausspruchs abstelle und schon eine Kündigung aufgrund einer Prognoseentscheidung zuließe, obwohl der Verlust des Arbeitsplatzes, vor dem der Arbeitnehmer durch § 1 KSchG geschützt werden solle, erst mit dem Ablauf der Kündigungsfrist eintrete.[499] Da der Wiedereinstellungsanspruch den im § 1 KSchG geregelten Bestandsschutz sicherstellen solle, sei eine entsprechende Anwendung des § 1 Abs. 3 KSchG zu erwägen.[500]

In der Tat ergibt sich die Notwendigkeit einer sozialen Auswahl gem. § 1 Abs. 3 KSchG bei der Wiedereinstellung aus dem Regelungszweck des KSchG. Dieses will den Arbeitnehmer vor sozial ungerechtfertigten Kündigungen schützen. Entfällt entgegen der ursprünglichen Prognose des Arbeitgebers nicht die Beschäftigungsmöglichkeit für alle gekündigten Arbeitnehmer, sondern nur für einen Teil, dann war aus ex-post-Sicht die Kündigung auch nur für einen Teil der Arbeitnehmer gerechtfertigt.[501] Für welche Arbeitnehmer konkret, wäre anhand einer Sozialauswahl gem. § 1 Abs. 3 KSchG zu bestimmen gewesen.[502] Die soziale Auswahl gem. § 1 Abs. 3 KSchG bei der Wiedereinstellung legt damit fest, wer seinen Arbeitsplatz einbüßten muss, weil er ihn unter Zugrundelegung der ex-post-Perspektive ohnehin verloren hätte und wer ihn behal-

---

497 Preis, Anm. zu LAG Köln v. 10.01.1989, LAGE § 611 BGB Einstellungsanspruch Nr. 1; Meinel/Bauer, NZA 1999, 575, (579); Bram/Rühl, NZA 1990, 753, (757)

498 Bram/Rühl, NZA 1990, 753, (757); Hergenröder, Anm. zu BAG v. 04.12.1997, EzA § 1 KSchG Wiedereinstellungsanspruch Nr. 3, unter II.4.b).

499 BAG v. 04.12.1997, EzA § 1 KSchG Wiedereinstellungsanspruch Nr. 3

500 BAG v. 04.12.1997, EzA § 1 KSchG Wiedereinstellungsanspruch Nr. 3

501 Hergenröder, Anm. zu BAG v. 04.12.1997, EzA § 1 KSchG Wiedereinstellungsanspruch Nr. 3, unter II.4.a), b); Meinel/Bauer, NZA 1999, 575, (579)

502 Hergenröder, Anm. zu BAG v. 04.12.1997, EzA § 1 KSchG Wiedereinstellungsanspruch Nr. 3, unter II.4.a)

ten darf, weil er ihn auch bei richtiger Prognose behalten hätte.[503] Die Anwendung des § 1 Abs. 3 KSchG bei der Wiedereinstellung bildet insofern das notwendige Korrektiv, um die durch die Wahl des Zugangs als maßgeblichen Beurteilungszeitraums für die Wirksamkeit einer Kündigung und die dafür erforderliche Prognose des Arbeitgebers dem Arbeitnehmer entstehenden Defizite im Bestandsschutz wieder annähernd auszugleichen. Aufgrund der kündigungsschutzgesetzlichen Vorgaben bezüglich der Sozialauswahl der Arbeitnehmer bleibt für eine Heranziehung der Generalklauseln des BGB kein Raum. Der 7. Senat des BAG hat in seiner Entscheidung vom 28.06.2000 eine Anwendung der Grundsätze des § 1 Abs. 3 KSchG unter anderem mit der Begründung abgelehnt, dass es sich bei der Wiedereinstellung um eine andere Situation handele.[504] Im Unterschied zu § 1 Abs. 3 KSchG gehe es nicht darum, wem gegenüber eine einseitige rechtsgestaltende Kündigungserklärung abzugeben bzw. zu unterlassen sei, sondern mit welchem Arbeitnehmer ein Vertrag abzuschließen sei, der nicht nur eine Willenserklärung des Arbeitgebers, sondern auch die des Arbeitnehmers voraussetze.[505] In der Literatur wird im Übrigen gegen die Heranziehung des § 1 Abs. 3 KSchG geltend gemacht, dass das arbeitsvertragliche Band zwischen den Parteien zuvor rechtmäßig gelöst wurde.[506] Dennoch ist eine für die analoge Anwendung des § 1 Abs. 3 KSchG erforderliche Vergleichbarkeit der Interessenlage gegeben.[507] Diese ergibt sich aus der Ähnlichkeit der Konsequenzen, die die Ablehnung des Wiedereinstellungsanspruchs und die Kündigung gemeinsam haben.[508] Die zum Rechtsanspruch verdichtete Aussicht auf den Abschluss eines Arbeitsvertrages und der Besitz eines Arbeitsplatzes sind nahezu gleichwertige Rechtspositionen, deren Verlust sich für den Arbeitnehmer praktisch identisch auswirkt. Den Rechtsanspruch auf Wiedereinstellung zu enttäuschen, entspricht daher der Interessenlage in der Kündigungssituation, sodass eine analoge Anwendung des § 1 Abs. 3 KSchG bei der Wiedereinstellung gerechtfertigt ist. Der Unterschied zur Auffassung des 7. Senats des BAG und eines Teils

503 Hergenröder, Anm. zu BAG v. 04.12.1997, EzA § 1 KSchG Wiedereinstellungsanspruch Nr. 3, unter II.4.b)

504 BAG v. 28.06.2000, ZIP 2000, 1781, (1785)

505 BAG v. 28.06.2000, ZIP 2000, 1781, (1785)

506 Oetker, ZIP 2000, 643, (651)

507 Hambitzer, NJW 1985, 2239, (2241); Meinel/Bauer, NZA 1999, 575, (579)

508 Hambitzer, NJW 1985, 2239, (2241)

der Literatur, die stattdessen eine Heranziehung der §§ 242, 315 BGB befürworten, besteht darin, dass nach letztgenannter Ansicht die Auswahl der wiedereinzustellenden Arbeitnehmer anhand einer umfassenden Interessenabwägung zu erfolgen hat, bei der auch Nützlichkeitserwägungen des Arbeitgebers zu berücksichtigen sind.[509] Diese Sichtweise ist konsequent, wenn man, wie der 7. Senat, den Wiedereinstellungsanspruch aus der Interessenwahrungspflicht des Arbeitgebers herleitet, die ihrerseits eine Ausprägung des Grundsatzes von Treu und Glauben darstellt. Die Beachtung sozialer Belange bei der Auswahl der Arbeitnehmer lässt sich dann damit begründen, dass gegenüber sozial schwächeren Arbeitnehmern die Fürsorgepflicht des Arbeitgebers stärker ausgeprägt sei.[510] Diese Ansicht berücksichtigt jedoch nicht, dass der Wiedereinstellungsanspruch die Funktion erfüllt, die durch die Festlegung des Beurteilungszeitpunkts für die Wirksamkeit der Kündigung und die Anwendung des Prognoseprinzips entstandene Lücke im Bestandsschutz des Arbeitnehmers zu schließen und daher der Schutzzweck des KSchG unterlaufen würde, wenn man für die Wiedereinstellung nicht die entsprechenden Grundsätze heranzöge wie für die Kündigung.

Eine Ansicht in der Literatur lehnt demgegenüber jede Bindung der Auswahlentscheidung mit dem Hinweis auf die unzumutbare Beeinträchtigung der Planungssicherheit des Arbeitgebers ab, die dadurch entstehe, dass seine Entscheidung gerichtlich überprüfbar sei.[511] Dem ist entgegenzuhalten, dass der Arbeitgeber auch bei jeder Kündigung damit rechnen muss, dass seine Personalentscheidung vor Gericht keinen Bestand hat. Diese Rechtsunsicherheit ist ihm im Hinblick auf die vergleichbare Interessenlage zuzumuten. Im Gegensatz zu sonstigen Einstellungen, bei denen der Grundsatz der Vertragsfreiheit gilt, begründet der Wiedereinstellungsanspruch einen Kontrahierungszwang für den Arbeitgeber, sodass dieser nicht darauf vertrauen kann, die Auswahl der wieder einzustellenden Arbeitnehmer beliebig treffen zu dürfen.

Im Ergebnis lässt sich festhalten, dass der Arbeitgeber bei der Wiedereinstellung unter mehreren Anspruchsberechtigten eine Sozialauswahl analog § 1 Abs. 3 KSchG vorzunehmen hat.

---

509 BAG v. 28.06.2000, ZIP 2000, 1781, (1785); v. Stein, RdA 1991, 85, (89); vgl. LAG Köln v. 10.01.1989, LAGE § 611 BGB Einstellungsanspruch Nr. 1

510 Vgl. LAG Köln v. 10.01.1989, LAGE § 611 BGB Einstellungsanspruch Nr. 1

511 Raab, RdA 2000, 147, (157)

Damit stellt sich allerdings die weitere Frage, welche Arbeitnehmer in die Auswahlentscheidung des Arbeitgebers mit einzubeziehen sind. In der Literatur ist streitig, ob der Arbeitgeber die gebotene Sozialauswahl nur unter den bereits gekündigten Arbeitnehmern zu treffen hat[512] oder sich diese auch auf noch nicht gekündigte Arbeitnehmer[513] bzw. sogar bereits wiederbesetzte Arbeitsplätze bezieht,[514] sodass der Arbeitgeber unter Umständen gehalten ist, Austauschkündigungen vorzunehmen, um die Wiedereinstellung eines bereits ausgeschiedenen Arbeitnehmers erfüllen zu können. Der 2. Senat des BAG hat in seiner Entscheidung vom 04.12.1997 eine aus der analogen Anwendung des § 1 Abs. 3 KSchG bzw. der Berücksichtigung von §§ 242, 315 BGB bei der Wiedereinstellung resultierende Pflicht des Arbeitgebers zur Freikündigung eines Arbeitsplatzes als äußerst fraglich bezeichnet.[515] Eine Pflicht zur Austauschkündigung wird insbesondere für den Arbeitgeber als unzumutbar angesehen, der dann möglicherweise zwei Klagen betreffend denselben Arbeitsplatz ausgesetzt wäre und dem auch betriebsverfassungsrechtliche Probleme drohten, falls der Betriebsrat der Kündigung mit der Rechtsfolge des § 102 Abs. 5 BetrVG widersprechen und der Wiedereinstellung - sofern man diese als Einstellung im Sinne des § 99 Abs. 1 Satz 1 BetrVG deutet - nicht zustimmen sollte.[516] Eine Austauschkündigung wird aber auch für die von ihr betroffenen Arbeitnehmer als unzumutbar angesehen.[517] Für die Einbeziehung nicht nur der gekündigten Arbeitnehmer wird dagegen auf die schon oben genannte ex-post-Sicht verwiesen.[518] Bei hypothetischer Prüfung, ob der Arbeitgeber kündigen könnte, wenn man den Fortbestand des Arbeitsverhältnisses unterstellt, wäre Bezugspunkt dieser Prüfung die vergleichbare Gesamtbelegschaft, nicht nur

---

512 Boewer, NZA 1999, 1177, (1179); Hergenröder, Anm. zu BAG v. 04.12.1997, EzA § 1 KSchG Wiedereinstellungsanspruch Nr. 3

513 Nicolai/Noak, ZfA 2000, 87, (106 ff.); Meinel/Bauer, NZA 1999, 575, (579)

514 Nicolai/Noak, ZfA 2000, 87, (106 ff.); Zwanziger, BB 1997, 42, (43)

515 BAG v. 04.12.1997, EzA § 1 KSchG Wiedereinstellungsanspruch Nr. 3, unter B.II.5.d) aa) der Gründe

516 BAG v. 04.12.1997, EzA § 1 KSchG Wiedereinstellungsanspruch Nr. 3, unter B.II.5.d) aa) der Gründe; Hergenröder, Anm. zu BAG v. 04.12.1997, EzA § 1 KSchG Wiedereinstellungsanspruch Nr. 3

517 Strathmann, Wiedereinstellungsanspruch, S. 85 f.

518 Meinel/Bauer, NZA 1999, 575, (579)

die gekündigten Arbeitnehmer.[519] Außerdem könnte die Nichtberücksichtigung besetzter Arbeitsplätze beim Wiedereinstellungsanspruch zu Umgehungs- und Missbrauchsversuchen führen.[520]

Letztendlich vermögen jedoch die Argumente für eine Einbeziehung der vergleichbaren Gesamtbelegschaft in die Sozialauswahl nicht zu überzeugen. Eine fehlerhafte Sozialauswahl gegenüber den nicht gekündigten Arbeitnehmern hätte von dem betroffenen Arbeitnehmer bereits in der Kündigungsschutzklage gerügt werden müssen.[521] Der Wiedereinstellungsanspruch dient nicht dazu, dieses Versäumnis später nachholen zu können. Folglich führt die ex-post-Perspektive hier nicht weiter.

Bezüglich der bereits wiederbesetzten Arbeitsplätze stellt sich die Frage, ob eine Austauschkündigung für die neu eingestellten Arbeitnehmer zumutbar ist. An anderer Stelle[522] wurde bereits erörtert, dass bei einem Wegfall des Kündigungsgrundes während des Laufs der Kündigungsfrist nach der Wertentscheidung des KSchG der Bestand des alten Arbeitsverhältnisses vorrangigen Schutz gegenüber den Interessen außenstehender Bewerber besitzt. Diese gesetzliche Interessenbewertung spricht gegen eine Unzumutbarkeit der Austauschkündigungen für neu eingestellte Arbeitnehmer, falls der Kündigungsgrund noch innerhalb der Kündigungsfrist entfällt. Dagegen ist die Freikündigung wiederbesetzter Arbeitsplätze unabhängig von der Schwierigkeit ihrer praktischen und betriebsverfassungsrechtlichen Durchsetzung im Regelfall für den Arbeitgeber aus Rechtssicherheitsgründen unzumutbar. Da das KSchG neben dem Bestandsschutz auch Rechtssicherheit in Form einer Sicherung der Dispositionsfreiheit der Arbeitsvertragsparteien erstrebt, sind Dispositionen, die der Arbeitgeber im Vertrauen auf den Fortbestand der Kündigungsgründe getroffen hat, grundsätzlich beachtlich. Die damit erforderliche Gutgläubigkeit des Arbeitgebers hilft außerdem, Fällen des Rechtsmissbrauchs zu entgegnen. Allerdings ist in den für die Sozialauswahl relevanten Fällen der betriebsbedingten Kündigung zu berücksichtigen, dass zumindest bei einem Wegfall des Kündigungsgrundes während der Kündigungsfrist der Arbeitgeber regelmäßig gutgläubig den

519 Meinel/Bauer, NZA 1999, 575, (579)

520 Nicolai/Noak, ZfA 2000, 87, (107); Hergenröder, Anm. zu BAG v. 04.12.1997, EzA § 1 KSchG Wiedereinstellungsanspruch Nr. 3, S. 23

521 Boewer, NZA 1999, 1177, (1179)

522 Unter VII. 2. b) cc) (2) (ccc), S. 61

Arbeitsplatz noch nicht wieder besetzt haben kann.[523] Denn eine Neubesetzung des Arbeitsplatzes wird bei betriebsbedingten Kündigungen in der Regel erst erforderlich, wenn sich aus Sicht des Arbeitgebers seine ursprüngliche Prognose als falsch erwiesen hat. Ab diesem Zeitpunkt ist der Arbeitgeber aber nicht mehr gutgläubig und damit nicht mehr frei in seiner Entscheidung, welchen Arbeitnehmer er einstellt. Eine zu beachtende gutgläubige zwischenzeitliche Neubesetzung des Arbeitsplatzes eines betriebsbedingt gekündigten Arbeitnehmers dürfte deshalb selten sein.

Im Ergebnis erstreckt sich die bei der Wiedereinstellung analog § 1 Abs. 3 KSchG vorzunehmende Sozialauswahl somit nur auf die bereits gekündigten Arbeitnehmer.

523 Vgl. BAG v. 27.02.1997, SAE 1998, 98, (102)

IX. Zeitliche Grenze des Wiedereinstellungsanspruchs

Sehr umstritten ist die Frage, ob ein Wiedereinstellungsanspruch nur bei einer Änderung der Umstände bis zum Ablauf der Kündigungsfrist entstehen kann oder auch darüber hinaus. Während der 7. Senat des BAG die Entstehung eines Wiedereinstellungsanspruchs nach Ablauf der Kündigungsfrist konsequent ablehnt,[524] hat sich der 2. Senat die Antwort ausdrücklich für den Fall offen gelassen, dass nach Ablauf der Kündigungsfrist kein neuer Kausalverlauf in Gang gesetzt wurde.[525] Demgegenüber geht der 8. Senat für die Fälle eines unerwarteten Betriebsübergangs nach Beendigung des Arbeitsverhältnisses von einem Wiedereinstellungsanspruch aus.[526] Auch im Schrifttum sind die Auffassungen, ganz abgesehen von den Sonderfällen der Verdachtskündigung und des Betriebsübergangs, geteilt. Neben einen Wiedereinstellungsanspruch nach Ablauf der Kündigungsfrist grundsätzlich ablehnenden[527] oder bejahenden Positionen[528] wollen einige, anknüpfend an die Rechtsprechung des 2. Senats, danach differenzieren, ob nach Beendigung des Arbeitsverhältnisses ein neuer Kausalverlauf in Gang gesetzt wurde.[529] Zum Teil wird als zeitliche Grenze für die materielle Entstehung eines Wie-

524 BAG v. 06.08.1997, EzA § 1 KSchG Wiedereinstellungsanspruch Nr. 2; BAG v. 28.06.2000, ZIP 2000, 1781, (1784 f.)

525 BAG v. 04.12.1997, EzA § 1 KSchG Wiedereinstellungsanspruch Nr. 3

526 BAG v. 13.11.1997, EzA § 613 a BGB Nr. 154; BAG v. 12.11.1998, AP Nr. 5 zu § 1 KSchG 1969 Wiedereinstellung

527 Günzel, DB 2000, 1227, (1229); Oetker, ZIP 2000, 643, (648 f.); Preis, Anm. zu LAG Köln v. 10.01.1998, LAGE § 611 BGB Einstellungsanspruch Nr. 1, S. 29; Boewer, NZA 1999, 1177, (1178 f.); v. Hoyningen-Huene/Linck, KSchG, § 1, Rn. 156 e; Hergenröder, Anm. zu BAG v. 04.12.1997, EzA § 1 KSchG Wiedereinstellungsanspruch Nr. 3, unter II.3.;MünchHdb. ArbR I/Buchner, § 40, Rn. 113; Löwisch, KSchG, § 1, Rn. 83; Westera, Wiedereinstellungsanspruch, S. 71

528 KR-Etzel, § 1 KSchG, Rn. 733; Hambitzer, Wiedereinstellungsanspruch, S. 89 ff., 92, 131 ff.; MünchHdb. ArbR II/Berkowsky, § 134, Rn. 85 f.; Bram/Rühl, NZA 1990, 753, (756 f.)

529 APS/Kiel, § 1 KSchG, Rn. 790 ff.; Nicolai/Noak, ZfA 2000, 87, (105); ähnlich: Raab, RdA 2000, 147, (155)

dereinstellungsanspruchs die Beendigung des Kündigungsrechtsstreits vorgeschlagen[530] oder der Zeitpunkt, zu dem nach der Prognose des Arbeitgebers die Beschäftigungsmöglichkeit entfallen sollte.[531]

Als Hauptargument gegen die zeitliche Begrenzung des Wiedereinstellungsanspruchs auf den Ablauf der Kündigungsfrist wird geltend gemacht, dass darin eine sachlich nicht gerechtfertigte Privilegierung der Arbeitnehmer mit längerer Kündigungsfrist liege.[532] Der Wiedereinstellungsanspruch hinge somit vom Zufall der Länge der Kündigungsfrist bzw. der Abfolge der zeitlichen Ereignisse ab.[533] Dies bedeute einen Verstoß gegen den arbeitsrechtlichen Gleichbehandlungsgrundsatz.[534] Zudem berge die Verneinung eines Wiedereinstellungsanspruchs nach Ablauf der Kündigungsfrist die Gefahr des Missbrauchs seitens des Arbeitgebers, der mit der Offenbarung seiner neuen Absichten solange warten könnte, bis bei einer Reihe von Arbeitnehmern die Kündigungsfrist abgelaufen sei, um dann seinen Betrieb mit einem verkleinerten Kreis von Beschäftigten unter Umständen kostengünstiger fortzuführen.[535] Teilweise wird auf die Parallelität zu dem Fall eines unerwarteten Betriebsübergangs nach Ablauf der Kündigungsfrist hingewiesen,[536] wo ein Wiedereinstellungsanspruch überwiegend bejaht wird.[537] Im Ergebnis nichts anderes könne gelten, wenn sich der Arbeitgeber stattdessen selbst zur Betriebsfortführung entschließe.[538]

Der Vorwurf einer sachlich nicht gerechtfertigen Ungleichbehandlung der Arbeitnehmer bei einer Ablehnung des Wiedereinstellungsanspruchs nach Ablauf der Kündigungsfrist geht fehl. Diese Argumentation zielt

---

530 Kittner/Kittner, KSchR, 4. Aufl., § 1 KSchG, Rn. 56 b; Preis, Prinzipien, S. 354

531 Meinel/Bauer, NZA 1999, 575, (579 f.)

532 Nägele, BB 1998, 1686, (1688); Nicolai/Noak, ZfA 2000, 87, (103); Meinel/Bauer, NZA 1999, 575, (579); Raab, RdA 2000, 147, (155); Walker, Anm. zu BAG v. 27.02.1997, SAE 1998, 103, (106); Günzel, DB 2000, 1227, (1229); MünchHdb. ArbR II/Berkowsky, § 134, Rn. 86

533 Günzel, DB 2000, 1227, (1229); Raab, RdA 2000, 147, (155)

534 MünchHdb. ArbR II/Berkowsky, § 134, Rn. 86; Günzel, DB 2000, 1227, (1228 f.)

535 Hergenröder, Anm. zu BAG v. 04.12.1997, EzA § 1 KSchG Wiedereinstellungsanspruch Nr. 3; Preis, Anm. zu LAG Köln v. 10.01.1989, LAGE § 611 BGB Einstellungsanspruch Nr. 1, unter II.4.c) dd); Nicolai/Noak, ZfA 2000, 87, (105)

536 Nicolai/Noak, ZfA 2000, 87, (103); APS/Kiel, § 1 KSchG, Rn. 792 f.

537 BAG v. 13.11.1997, EzA § 613 a BGB Nr. 154; Boewer, NZA 1999, 1177, (1179); Langenbucher, ZfA 1999, 299, (310 f.)

538 Nicolai/Noak, ZfA 2000, 87, (103); APS/Kiel, § 1 KSchG, Rn. 793

darauf ab, nach einer Rechtfertigung für die zeitliche Begrenzung des Wiedereinstellungsanspruchs zu suchen,[539] die dann oft in dem Bedürfnis des Arbeitgebers nach Rechtssicherheit gesehen wird.[540] Dieser Ansatz ist aber irreführend. Die Frage, ob der Wiedereinstellungsanspruch nur zeitlich begrenzt entstehen kann und ggf. bis zu welchem Zeitpunkt, ergibt sich zwingend aus seiner dogmatischen Herleitung. Besteht die Rechtsgrundlage für den Wiedereinstellungsanspruch nur während eines gewissen Zeitraums, dann ist diese Zeitgrenze zu akzeptieren, ohne dass es noch einer weiteren Rechtfertigung bedarf. Es wurde bereits festgestellt, dass sich aus dem Regelungszweck des KSchG grundsätzlich kein Bestandsschutz über den Ablauf der Kündigungsfrist hinaus rechtfertigen lässt. Auch anderweitige Rechtsgrundlagen für einen weitergehenden Wiedereinstellungsanspruch des Arbeitnehmers waren nicht ersichtlich.

Das führt auch nicht zu sachlich unbefriedigenden Ergebnissen, etwa einer ungerechtfertigten Überbewertung der Dauer der Betriebszugehörigkeit.[541] Der Wiedereinstellungsanspruch dient der Sicherstellung des Bestandsschutzes der Arbeitnehmer. Der Bestandsschutz soll aber nach der gesetzlichen Wertung des § 622 BGB mit zunehmender Dauer der Betriebszugehörigkeit verstärkt werden.[542] Daher ist es nur konsequent, wenn Arbeitnehmer mit längerer Betriebszugehörigkeit aufgrund der Länge ihrer Kündigungsfrist eine größere Chance auf einen Wiedereinstellungsanspruch haben.[543]

Die Gefahr eines Rechtsmissbrauchs seitens des Arbeitgebers, indem dieser beispielsweise Rationalisierungsabsichten nur vortäuscht, um bestimmte Arbeitnehmer aus dem Betrieb zu entfernen,[544] besteht unabhängig von der Gewährung eines Wiedereinstellungsanspruchs und wird

539 Vgl. Nicolai/Noak, ZfA 2000, 87, (103)

540 Nicolai/Noack, ZfA 2000, 87, (102); Günzel, DB 2000, 1227, (1229); Hergenröder, Anm. zu BAG v. 04.12.1997, EzA § 1 KSchG Wiedereinstellungsanspruch Nr. 3, unter II.3.b); Bartel, SAE 1998, 317, (318); Preis, Anm. zu LAG Köln v. 10.01.1989, LAGE § 611 BGB Einstellungsanspruch Nr. 1, unter II.4.c) dd), S. 29

541 So aber Nägele, BB 1998, 1686, (1988)

542 Strathmann, Wiedereinstellungsanspruch, S. 76; Westera, Wiedereinstellungsanspruch, S. 71

543 Strathmann, Wiedereinstellungsanspruch, S. 76; Westera, Wiedereinstellungsanspruch, S. 71

544 So Preis, Anm. zu LAG Köln v. 10.01.1989, LAGE § 611 BGB Einstellungsanspruch Nr. 1, unter II.4.c) dd)

durch seine zeitliche Begrenzung jedenfalls nicht vergrößert. Zudem kann es nicht Aufgabe eines Wiedereinstellungsanspruchs sein, solche Möglichkeiten auszuschließen. Hinzu kommt, dass bei einem bewussten Zuwarten des Arbeitgebers mit der Offenbarung seiner neuen bzw. wahren Absichten in der Regel nur die besonders schutzwürdigen Arbeitnehmer mit den langen Kündigungsfristen einen Wiedereinstellungsanspruch haben werden, was den Anreiz für einen Missbrauch nicht erhöhen dürfte.

Die Überlegungen zur Reichweite eines Wiedereinstellungsanspruchs nach unerwartetem Betriebsübergang orientieren sich am Schutzzweck des § 613 a BGB und den entsprechenden europarechtlichen Vorgaben. Es handelt sich insoweit um einen Sonderfall, der für eine Parallelwertung bei anderen betriebsbedingten Kündigungen nicht taugt.

Vor dem Hintergrund dieser Erwägungen ist auch eine Differenzierung zwischen altem und neuem Kausalverlauf abzulehnen. Nach den Befürwortern dieser Unterteilung soll ein Wiedereinstellungsanspruch ausscheiden, wenn nach Ablauf der Kündigungsfrist aufgrund eines neuen Kausalverlaufs (z. B. durch neue Aufträge oder das Ausscheiden eines Arbeitnehmers) eine anderweitige Beschäftigungsmöglichkeit entsteht.[545] Bleibe dagegen zum Beispiel aufgrund einer geänderten Unternehmerentscheidung nach Ablauf der Kündigungsfrist der ursprüngliche Arbeitsplatz erhalten, dann sei ein Wiedereinstellungsanspruch zu bejahen.[546] Zur Begründung wird auf die vermeintlich ungerechtfertigte Ungleichbehandlung der Arbeitnehmer aufgrund der unterschiedlichen Länge ihrer Kündigungsfristen[547] und die Parallele zum Betriebsübergang[548] verwiesen, während das Bedürfnis des Arbeitgebers nach Rechtssicherheit die Berücksichtigung des Entstehens einer anderweitigen Beschäftigungsmöglichkeit nach Ablauf der Kündigungsfrist verbiete.[549] Eine Differenzierung zwischen verschiedenen Kausalverläufen nach Ablauf der Kündigungsfrist ist mit Rücksicht auf die bereits genannten Gesichtspunkte sachlich nicht gerechtfertigt. Insbesondere besteht für die An-

545 APS/Kiel, § 1 KSchG, Rn. 790

546 Nicolai/Noak, ZfA 2000, 87, (105); APS/Kiel, § 1 KSchG, Rn. 793

547 Nicolai/Noak, ZfA 2000, 87, (103); Raab, RdA 2000, 147, (155)

548 APS/Kiel, § 1 KSchG, Rn. 792 f.; Nicolai/Noak, ZfA 2000, 87, (103)

549 Raab, RdA 2000, 147, (155); Nicolai/Noak, ZfA 2000, 87, (104 f.)

nahme eines Wiedereinstellungsanspruchs nach Ablauf der Kündigungsfrist keine Rechtsgrundlage.

Fraglich ist, ob der Zeitpunkt der Beendigung des Kündigungsrechtsstreits als Grenze für die materielle Entstehung des Wiedereinstellungsanspruchs dienen kann. Diese Grenze beruht auf der hier abgelehnten Herleitung des Wiedereinstellungsanspruchs aus dem Grundsatz des Vertrauensschutzes.[550] Jedenfalls solange noch über die Berechtigung der Kündigung prozessiert werde, müsse der Arbeitgeber ohnehin damit rechnen, den Kündigungsschutzprozess zu verlieren.[551] Gegen diese Begrenzung spricht aber, dass dann der verständige Arbeitnehmer, der die Wirksamkeit der Kündigung anerkennt, schlechtergestellt würde als derjenige, der gegen eine materiell wirksame Kündigung eine an sich unbegründete Kündigungsschutzklage erhebt.[552] Die Arbeitnehmer würden dadurch zu vorsorglichen, sonst nicht erhobenen Klagen gezwungen.[553] Zudem würden Verzögerungstaktiken im Prozess geradezu herausgefordert, um möglichst lange in den Genuss etwaiger positiver Entwicklungen kommen zu können.[554] Die Begrenzung des Wiedereinstellungsanspruchs auf die Dauer des Kündigungsschutzprozesses ist daher nicht sinnvoll.

Da der Wiedereinstellungsanspruch als Korrektiv der Fehlprognose des Arbeitgebers dient, ist dagegen der in der Literatur[555] gemachte Vorschlag bedenkenswert, wonach als zeitliche Grenze für die Anspruchsentstehung auf den Zeitpunkt abzustellen ist, zu dem nach der Prognose des Arbeitgebers die Beschäftigungsmöglichkeit entfallen sollte. Dieser Zeitpunkt wird in der Regel mit dem Ablauf der Kündigungsfrist zusammenfallen, kann aber auch schon davor liegen, falls der Arbeitgeber unter Beachtung der Kündigungsfristen nicht mehr rechtzeitig kündigen konnte.[556] Gegen diese Eingrenzung des Wiedereinstellungsanspruchs spricht allerdings, dass die Prognose des Arbeitgebers inhaltlich darauf gerichtet ist, dass der Arbeitnehmer nach Ablauf der Kündigungsfrist nicht mehr weiterbeschäftigt werden kann. Ob die Beschäftigungsmöglichkeit tat-

---

550 Vgl. Preis, Prinzipien, S. 352, 354

551 Kittner/Kittner, KSchR, 4. Aufl., § 1 KSchG, Rn. 56 b

552 Strathmann, Wiedereinstellungsanspruch, S. 72

553 Bram/Rühl, NZA 1990, 753, (756)

554 Bram/Rühl, NZA 1990, 753, (756); Zwanziger, BB 1997, 42, (45)

555 Meinel/Bauer, NZA 1999, 575, (579)

556 Meinel/Bauer, NZA 1999, 575, (580)

sächlich erst zum Ende der Kündigungsfrist oder schon zu einem früheren Zeitpunkt entfällt, ist für die Beurteilung der Richtigkeit der Prognose daher unerheblich. Entscheidend ist, dass im Zeitpunkt des Ausscheidens des Arbeitnehmers aus dem Betrieb keine Weiterbeschäftigungsmöglichkeit mehr besteht und damit der Verlust des Arbeitsplatzes nicht grundlos erfolgt. Die oben genannte Literaturansicht würde den Anwendungsbereich des Wiedereinstellungsanspruchs entgegen seinem Zweck, der Verhinderung von grundlosen Arbeitsplatzverlusten, verkürzen, wenn sie zuließe, dass eine noch während des Laufs der Kündigungsfrist erneut eintretende Beschäftigungsmöglichkeit unberücksichtigt bliebe.

Im Ergebnis ist daher als zeitliche Grenze für die Entstehung des Wiedereinstellungsanspruchs grundsätzlich der Ablauf der Kündigungsfrist anzusehen. Dies folgt aus der dogmatischen Herleitung dieses Anspruchs aus dem Regelungszweck des KSchG und stimmt auch mit der Funktion des Anspruchs als Korrektiv für die Fehlprognose des Arbeitgebers überein. Denn bei einer Veränderung der Verhältnisse erst nach Ablauf der Kündigungsfrist war die Prognose des Arbeitgebers bezüglich des Wegfalls der Beschäftigungsmöglichkeit spätestens mit Ablauf der Kündigungsfrist zutreffend, sodass es einer Korrektur durch einen Wiedereinstellungsanspruch nicht bedarf.[557]

Eine andere Bewertung gilt für den Sonderfall der Verdachtskündigung. Wie an anderer Stelle bereits dargelegt,[558] gebietet das Regelungsziel des KSchG dort ausnahmsweise eine Berücksichtigung des Wegfalls des Kündigungsgrundes nach Ablauf der Kündigungsfrist. Dieses Ergebnis entspricht der ganz herrschenden Meinung zur Verdachtskündigung, während lediglich die Begründungen variieren.[559]

---

557 Boemke, Anm. zu BAG vom 27.02.1997, WiB 1997, 874; Hergenröder, Anm. zu BAG v. 04.12.1997, EzA § 1 KSchG Wiedereinstellungsanspruch Nr. 3, unter II.3.b); MünchHdb. ArbR I/Buchner, § 40, Rn. 113

558 Unter VII. 2. b) (ccc), S. 63

559 BGH v. 13.07.1956, AP Nr. 2 zu § 611 BGB Fürsorgepflicht; BAG v. 04.12.1956, AP Nr. 3 zu § 611 BGB Fürsorgepflicht; Oetker, ZIP 2000, 643, (649); v. Stein, RdA 1991, 85, (91 f.); Preis, Anm. zu LAG Köln v. 10.01.1989, LAGE § 611 BGB Einstellungsanspruch Nr. 1, unter II.4.c) cc); Zwanziger, BB 1997, 42, (45); KR-Fischermeier, § 626 BGB, Rn. 234 m. w. N.

X. Inhalt des Wiedereinstellunganspruchs

Der Wiedereinstellungsanspruch zielt inhaltlich auf die Neubegründung des Arbeitsverhältnisses, nachdem das alte Arbeitsverhältnis durch die rechtswirksame Kündigung beendet wurde. Da die Neubegründung des Arbeitsverhältnisses einen Vertragsschluss voraussetzt, ist der Anspruch auf Abgabe einer Willenserklärung durch den Arbeitgeber gerichtet, nämlich auf die Annahme des in dem Wiedereinstellungsbegehren des Arbeitnehmers konkludent enthaltenen Angebots auf Abschluss eines Arbeitsvertrages.[560] Die Neubegründung des Arbeitsverhältnisses erfolgt regelmäßig zu den bisherigen Vertragsbedingungen; zu eventuellen Einschränkungen aus Gründen der Zumutbarkeit für den Arbeitgeber wurde oben bereits Stellung genommen.[561] Streitig ist, zu welchem Zeitpunkt die Neubegründung des Arbeitsverhältnisses erfolgen soll: Unmittelbar im Anschluss an das bisherige Arbeitsverhältnis[562] oder ex nunc ab Einverständniserklärung des Arbeitgebers bzw. stattgebendem Urteil.[563] Der 7. Senat des BAG hat nunmehr ausdrücklich entschieden, dass eine Neubegründung des Arbeitsverhältnisses nur ex nunc in Betracht komme.[564] Der Arbeitgeber könne nicht zum Abschluss eines Vertrages verurteilt werden, dessen Erfüllung wegen Zeitablaufs zwischenzeitlich unmöglich geworden sei, § 306 BGB a. F.[565] Der Arbeitnehmer kann wegen des Fixschuldcharakters der Arbeitsleistung für die Vergangenheit keine ar-

---

560 Oetker, ZIP 2000, 643, (650, 652); Boewer, NZA 1999, 1177, (1182); BAG v. 27.02.1997, SAE 1998, 98, (102)

561 Unter VIII. 3. b), S. 109

562 Oetker, ZIP 2000, 643, (653); Raab, Anm. zu BAG v. 28.06.2000, RdA 2001, 248, (249)

563 Meinel/Bauer, NZA 1999, 575, (581); Boewer, NZA 1999, 1177, (1182 f.); Ertl, DStR 2001, 442, (451); Otto, Anm. zu BAG v. 28.6.2000, AP Nr. 6 zu § 1 KSchG 1969 Wiedereinstellung

564 BAG v. 28.06.2000, ZIP 2000, 1781, (1783)

565 BAG v. 28.06.2000, ZIP 2000, 1781, (1783); ebenso Boewer, NZA 1999, 1177, (1182)

beitsvertraglichen Dienste mehr erbringen.[566] Der rückwirkende Abschluss eines neuen Arbeitsvertrages ist daher auf eine unmögliche Leistung gerichtet und war somit gem. § 306 BGB a. F. nichtig. Dem wird entgegengehalten, dass die Nichtigkeitsfolge des § 306 BGB a. F. nur Verträge betreffe, die wegen der vereinbarten Leistung von vornherein sinn-, zweck- und gegenstandslos seien.[567] Die Vereinbarung über die rückwirkende Begründung eines Schuldverhältnisses erfülle aber den Zweck, die Parteien hinsichtlich der Rechtsfolgen so zu stellen, als habe der Vertrag schon in der Vergangenheit bestanden.[568] Die vereinbarte Rückwirkung sei also nur technisches Instrument, um die Rechte und Pflichten zwischen den Vertragsschließenden in bestimmter Weise zu gestalten.[569]

Diese Sichtweise lässt außer Acht, dass die Rechtsfolgen einer rückwirkenden Begründung des Arbeitsverhältnisses einseitig zu Lasten des Arbeitnehmers eintreten würden, da die Leistungserbringung seitens des Arbeitnehmers für die Vergangenheit nicht mehr möglich ist. Dadurch würde das Äquivalenzverhältnis zwischen den Parteien gestört.

An dem Ergebnis der Ablehnung einer Vertragsbegründung mit Wirkung für die Vergangenheit dürfte sich auch nach der Schuldrechtsreform nichts ändern. Zwar bleiben Verträge, die auf eine anfänglich unmögliche Leistung gerichtet sind, nunmehr gem. § 311 a BGB n. F. wirksam. Es ist jedoch zweifelhaft, ob eine Klage erfolgreich auf den Abschluss eines Vertrages ohne primäre Leistungspflichten gerichtet werden kann.[570] Denn die gem. § 311 a Abs. 2 BGB vorgesehenen Ersatzansprüche würden in einem solchen Fall von vornherein leerlaufen. Die rückwirkende Neubegründung des Arbeitsverhältnisses würde damit der Intention der gesetzlichen Regelung zuwiderlaufen. Im Übrigen stünde der rückwirkende Abschluss eines Arbeitsvertrages ohne primäre Leistungspflichten auch im Widerspruch zum Zweck des Wiedereinstellungsanspruchs, der gerade die auf die Neubegründung der Hauptpflichten gerichtet ist.

---

566 Hambitzer, Wiedereinstellungsanspruch, S. 155

567 Raab, Anm. zu BAG v. 28.06.2000, RdA 2001, 248, (249)

568 Raab, Anm. zu BAG v. 28.06.2000, RdA 2001, 248, (249)

569 Raab, Anm. zu BAG v. 28.06.2000, RdA 2001, 248, (249)

570 Ebenso Ricken, Anm. zu BAG v. 27.6.2001, AP Nr. 10 zu § 1 KSchG 1969 Wiedereinstellung

Sofern sich die Gegenansicht darauf beruft, dass bei der einvernehmlichen Rücknahme einer Kündigung ebenfalls eine Rückwirkung der Vereinbarung anerkannt sei[571], stellt sich die Frage nach einer Vergleichbarkeit der Tatbestände. Bei der Vereinbarung über die Rücknahme der Kündigung wird im Ergebnis die Unwirksamkeit der Kündigung fingiert, was zu einem Fortbestehen des alten Arbeitsverhältnisses führt. Es gehört zur Vertragsfreiheit der Parteien, die Folgen einer wirksamen Kündigung im Wege vertraglicher Vereinbarung rückgängig zu machen.[572] Demgegenüber geht es bei der ex tunc wirkenden Wiedereinstellungsvereinbarung um den Abschluss eines neuen Arbeitsvertrages mit Wirkung für die Vergangenheit. Während die rückwirkende Beseitigung der Gestaltungswirkung der Kündigung möglich ist, weil eine entsprechende Einigung nicht auf die Begründung einer Verpflichtung des Arbeitnehmers zur Arbeitsleistung für die Vergangenheit gerichtet ist, sondern unter Anerkennung der Voraussetzungen des Annahmeverzugs seitens des Arbeitgebers lediglich die Fortsetzung des alten Arbeitsverhältnisses zum Gegenstand hat[573], werden mit dem Abschluss eines Arbeitsverhältnisses neue Pflichten begründet, deren Erfüllung für die Vergangenheit zum Teil unmöglich ist. Die Tatbestände sind daher nicht vergleichbar.

Der Auffassung des 7. Senats des BAG folgend, kann der Arbeitnehmer allerdings für den Zeitraum nach Ablauf der Kündigungsfrist bis zur Wiedereinstellungsvereinbarung mangels bestehenden Arbeitsverhältnisses keinen Annahmeverzugslohn gem. § 615 BGB beanspruchen. Ihm steht lediglich ein verschuldensabhängiger Schadensersatzanspruch aus Schuldnerverzug gem. §§ 280 Abs. 1 i. V. m. Abs. 2, 286 BGB (§§ 284, 286, 249, 251 Abs. 1 BGB a. F.) in Höhe der entgangenen Vergütung zu, wenn der Arbeitgeber die Wiedereinstellung zunächst verweigert hat.[574] Gegen diese Lösung wird vorgebracht, dass dem Arbeitnehmer damit das Risiko eines entschuldbaren Irrtums des Arbeitgebers über das Bestehen

571 Raab, Anm. zu BAG v. 28.06.2000, RdA 2001, 248, (249)

572 BAG v. 17.04.1986, BB 1986, 2202, (2203); Löwisch, KSchG, § 4, Rn. 82;

573 BAG v. 17.04.1986, BB 1986, 2202, (2203)

574 Meinel/Bauer, NZA 1999, 575, (581); Boemke, AR- Blattei SD, Arbeitsvertrag- Arbeitsverhältnis X, Nachwirkungen des Arbeitsvertrags, Rn. 187;BAG v. 28.06.2000, ZIP 2000, 1781, (1783); APS/Kiel, § 1 KSchG, Rn. 802; Boewer, NZA 1999, 1177, (1181)

einer Pflicht zur Wiedereinstellung auferlegt werde.[575] Der Arbeitnehmer, der Wiedereinstellung begehre, stehe insoweit schlechter als der Arbeitnehmer, dessen Kündiung bereits unwirksam sei.[576] Die Risikozuweisung hinge damit vom zufälligen Zeitpunkt des Wegfalls des Kündigungsgrundes ab, was dem Zweck des Wiedereinstellungsanspruchs widerspreche.[577]

Der Wiedereinstellungsanspruch verfolgt zwar das Ziel, den Bestandsschutz im Hinblick auf die Wertungen des KSchG auch dann noch sicherzustellen, wenn der Kündigungsgrund während des Laufs der Kündigungsfrist entfällt, dennoch rechtfertigt dies nicht eine automatische Gleichstellung mit den Fällen einer von vornherein unwirksamen Kündigung. Ein Arbeitgeber, der sein Kündigungsrecht wirksam ausgeübt hat, ist grundsätzlich schutzwürdig in seinem Vertrauen auf die Beendigung des Arbeitsverhältnisses. Deshalb kann ihm auch nicht das Risiko eines schuldlosen Irrtums über das Bestehen einer Wiedereinstellungspflicht auferlegt werden. Die Risikoverteilung aufgrund der schadensersatzrechtlichen Lösung ist daher gerechtfertigt.

Gegen die schadensersatzrechtliche Lösung wird indes weiter eingewendet, dass sie erhebliche Probleme im Hinblick auf die Frage bereite, wie z. B. Nachteile ausgeglichen werden, die dem Arbeitnehmer im Bereich der Sozialversicherung entstehen, etwa wenn erst mit Rechtskraft der Entscheidung über die Wiedereinstellung eine neue Anwartschaftszeit für die Begründung des Anspruchs auf Arbeitslosengeld beginnt, § 123 SGB III.[578] Außerdem sei fraglich, wie sich die Unterbrechung des Arbeitsverhältnisses bei Rechtsvorschriften auswirke, die dem Arbeitnehmer eine Begünstigung erst nach Ablauf einer Wartefrist gewähren, wie z. B. § 1 Abs. 1 KSchG, § 3 Abs. 3 EntFG oder § 4 BUrlG.[579]

Im letzteren Fall ergibt sich aus dem Sinn und Zweck des Wiedereinstellungsanspruchs die Pflicht zur Berücksichtigung der früheren Betriebszugehörigkeit. Im Ergebnis wird eine solche Wahrung des Besitz-

---

575 Raab, Anm. zu BAG v. 28.06.2000, RdA 2001, 248, (249)

576 Raab, Anm. zu BAG v. 28.06.2000, RdA 2001, 248, (249)

577 Raab, Anm. zu BAG v. 28.06.2000, RdA 2001, 248, (249)

578 Oetker, Anm. zu BAG v. 28.06.2000, ZIP 2000, 1787; Raab, Anm. zu BAG v. 28.06.2000, RdA 2001, 248, (249); Ricken, Anm. zu BAG v. 27.6.2001, AP Nr. 10 zu § 1 KSchG 1969 Wiedereinstellung

579 Kaiser, ZfA 2000, 205, (233); Oetker, Anm. zu BAG v. 28.06.2000, ZIP 2000, 1787; Raab, Anm. zu BAG v. 28.06.2000, RdA 2001, 248, (249)

standes bei der Wiedereinstellung auch weitgehend bejaht.[580] Das Ziel des Wiedereinstellungsanspruchs, die rechtmäßige Vertragsbeendigung zu korrigieren und den Arbeitnehmer in den Bestand des Arbeitsverhältnisses zu versetzen, gebietet, die im alten Arbeitsverhältnis erworbene Position wieder aufleben zu lassen.[581]

Schwieriger ist dagegen die angesprochene Problematik im Bereich der Sozialversicherung. Scheidet der Arbeitnehmer vor Erfüllung der Anwartschaftszeit i. S. d. § 123 SGB III aus und wäre bei sofortiger Erfüllung des Wiedereinstellungsanspruchs durch den Arbeitgeber die Anwartschaftszeit erreicht worden, so müsste der Arbeitgeber konsequenterweise für den sozialversicherungsrechtlichen Ausfall bei Eintritt der Arbeitslosigkeit ersatzpflichtig sein.[582] Diese Folge ist hinzunehmen. Der Arbeitgeber kann ihrem Eintritt aber vorbeugen, indem er dem Wiedereinstellungsbegehren des Arbeitnehmers zunächst bis zur endgültigen Klärung der Wiedereinstellungspflicht nachkommt.

---

580 Hambitzer, Wiedereinstellungsanspruch, S. 151; Heilmann, S. 109; Bram/Rühl, NZA 1990, 753, (757); Belling, RdA 1996, 223, (238); v. Sebut, Der soziale Schutz als Regelungsproblem des Vertragsrechts, S. 126 f.; Walker, Anm. zu BAG v. 27.02.1997, SAE 1998, 103, (107); für den Fall eines Betriebsübergangs nach Ablauf der Kündigungsfrist auch BAG v. 13.11.1997, EzA § 613 a BGB Nr. 154, unter II. 3. c) bb)

581 v. Sebut, Der soziale Schutz als Regelungsproblem des Vertragsrechts, S. 127; Hambitzer, Wiedereinstellungsanspruch, S. 152

582 Oetker, Anm. zu BAG v. 28.06.2000, ZIP 2000, 1787

XI. Prozessuale Durchsetzung des Wiedereinstellungsanspruchs

1. Klageantrag

Streitig ist, wie der Klageantrag zur Geltendmachung des Wiedereinstellungsanspruchs zu fassen ist. Da das Begehren des Arbeitnehmers auf die Abgabe einer Willenserklärung seitens des Arbeitgebers gerichtet ist, ist an sich ein entsprechender Leistungsantrag erforderlich, wobei mit Rechtskraft des stattgebenden Urteils gem. § 894 Abs. 1 Satz 1 ZPO die Erklärung als abgegeben gilt.[583] Eine Ansicht vertritt demgegenüber, dass der Kündigungsschutzantrag ausreiche und daneben ein besonderer Leistungsantrag nicht erforderlich sei.[584] Ergebe sich für das Gericht aus dem festgestellten Sachverhalt, dass ein Wiedereinstellungsanspruch bestehe, so sei der Kündigungsschutzklage stattzugeben.[585] Gegen die letztgenannte Auffassung sprechen die schon an anderer Stelle diskutierten Bedenken, den Arbeitgeber trotz wirksamer Kündigung im Kündigungsschutzprozess unterliegen zu lassen. Zudem handelt es sich bei dem Wiedereinstellungsanspruch gegenüber der auf Feststellung der Unwirksamkeit der Kündigung gerichteten Kündigungsschutzklage um einen prozessual selbständigen Streitgegenstand.[586] Der Wiedereinstellungsanspruch ist auf die Neubegründung des Arbeitsverhältnisses gerichtet und setzt damit gerade dessen wirksame Beendigung voraus. Hinzu kommt, dass der Arbeitnehmer mit der Kündigungsschutzklage häufig nicht die Weiterbeschäftigung erstrebt.[587] Der Wiedereinstellungsantrag ist daher

583 Boewer, NZA 1999, 1177, (1182); Oetker, ZIP 2000, 643, (652); v. Stein, RdA 1991, 85, (88); Preis, Anm. zu LAG Köln v. 10.01.1989, LAGE § 611 BGB Einstellungsanspruch Nr. 1, unter III.2; Meinel/Bauer, NZA 1999, 575, (581); Raab, RdA 2000, 147, (155); Otto, in: FS Kraft, 451, (475); BAG v. 06.08.1997, EzA § 1 KSchG Wiedereinstellungsanspruch Nr. 2, unter I.

584 Zwanziger, BB 1997, 42, (45 f.)

585 Zwanziger, BB 1997, 42, (45 f.)

586 BAG v. 04.12.1997, EzA § 1 KSchG Wiedereinstellungsanspruch Nr. 3, unter B.I. der Gründe; Mathern, NJW 1996, 818, (820); Bram/Rühl, NZA 1990, 753, (757)

587 Preis, Prinzipien, S. 348 f.

nicht als geringeres Begehren im Kündigungsschutzantrag enthalten anzusehen, sondern die Wiedereinstellung muss selbständig beantragt werden, bei noch anhängigem Kündigungsschutzprozess im Wege der Eventualklagehäufung. Dieser im Schrifttum ganz überwiegend vertretenen Auffassung folgt auch das BAG.[588]

Allerdings eröffnet der 2. Senat des BAG dem Arbeitnehmer zusätzlich die Möglichkeit, sofort auf Erfüllung der Pflichten aus dem zu begründenden Arbeitsverhältnis, also auf Beschäftigung, zu klagen.[589] Der Arbeitgeber solle sich nicht auf das eigene pflichtwidrige Verhalten berufen und den Arbeitnehmer auf den Umweg über eine Vollstreckung nach § 894 ZPO verweisen können.[590] Offenbar soll es dem Arbeitgeber unmöglich gemacht werden, sich durch die Weigerung der Annahme des Wiedereinstellungsangebots seinen Pflichten aus dem Arbeitsverhältnis, insbesondere der Entgeltzahlungspflicht, zu entziehen.[591] Diese Sichtweise ist in der Literatur zum Teil auf Ablehnung gestoßen, denn bei dem auf Annahme des Vertragsangebots gerichteten Wiedereinstellungsanspruch und dem Anspruch auf tatsächliche Beschäftigung handelt es sich um unterschiedliche Streitgegenstände, die gesondert einzuklagen sind.[592] Andere Stimmen im Schrifttum versuchen die Auffassung des 2. Senats des BAG unter Hinweis auf die Parallelproblematik im kaufrechtlichen Gewährleistungsrecht[593] oder die Rechtsprechung zum Vorvertrag zu stützen.[594] Gegen die Übertragbarkeit der genannten zivilrechtlichen Wertungen wird allerdings auch zu Bedenken gegeben, dass durch den Wiedereinstellungsanspruch ein Dauerschuldverhältnis begründet werden soll.[595] Der Vorteil des Weges des 2. Senats besteht für den Arbeitnehmer vor allem darin, dass er ein obsiegendes Urteil vorläufig vollstrecken kann, während das vertragliche Band zwischen den Parteien erst mit

588 Vgl. Nachweise in Fn. 583

589 BAG v. 27.02.1997, SAE 1998, 98, (103); offen gelassen von BAG (7. Senat) v. 06.08.1997, EzA § 1 KSchG Wiedereinstellungsanspruch Nr. 2, unter I. der Gründe

590 BAG v. 27.02.1997, SAE 1998, 98, (103)

591 Raab, RdA 2000, 147, (158)

592 Boewer, NZA 1999, 1177, (1182); Ziemann, MDR 1999, 716, (719, 721); Otto, in: FS Kraft, 451, (475)

593 Meinel/Bauer, NZA 1999, 575, (581)

594 Oetker, ZIP 2000, 643, (652)

595 Oetker, ZIP 2000, 643, (652)

Rechtskraft des Urteils entsteht.[596] Genau diese Konsequenz, dass dem Arbeitnehmer die Ansprüche aus dem neuen Arbeitsverhältnis bereits zustehen, bevor über den Wiedereinstellungsanspruch rechtskräftig entschieden wurde, ist für den Arbeitgeber im Hinblick auf die bei Arbeitsleistungen bestehenden Rückabwicklungsschwierigkeiten aber unzumutbar. Der Arbeitnehmer erleidet ohne die vom 2. Senat eröffnete Möglichkeit auch keine Nachteile, da er für die Zeit der Verweigerung der Wiedereinstellung durch den Arbeitgeber Schadensersatz aus Schuldnerverzug, insbesondere in Höhe der entgangenen Vergütung, verlangen kann. Insoweit besteht für den vom 2. Senat des BAG eingeschlagenen Weg kein Bedarf.

Eine Literaturmeinung unterstützt die Rechtsprechung des 2. Senats dagegen mit der Begründung, dass dem Arbeitnehmer nach dem Sinn und Zweck des Wiedereinstellungsanspruchs ein Anspruch auf tatsächliche Beschäftigung bereits unmittelbar im Anschluss an das bestehende Arbeitsverhältnis zustehe.[597] Diese Auffassung lässt sich unter Zugrundelegung der hier vertretenen Ansicht von einer Neubegründung des Arbeitsverhältnisses mit ex-nunc-Wirkung aber nicht rechtfertigen. Nach der hier vertretenen Ansicht kann Beschäftigung vom Arbeitnehmer erst ab dem Zeitpunkt der Rechtskraft des auf Abgabe der Willenserklärung gerichteten Urteils verlangt werden, weil es für die Zeit davor an einer arbeitsvertraglichen Grundlage für den Beschäftigungsanspruch fehlt.[598] Allerdings stellt sich die in der Literatur vereinzelt aufgeworfene Frage, ob ein Anspruch des Arbeitnehmers auf vorläufige Beschäftigung entsprechend dem Weiterbeschäftigungsanspruch im Bestandsschutzverfahren in Betracht kommt.[599] Gegen die Übertragbarkeit dieser Grundsätze auf die Situation des Wiedereinstellungsanspruchs spricht die mangelnde Vergleichbarkeit der Interessenlage. Grund für die Anerkennung eines begrenzten Weiterbeschäftigungsanspruchs während des Beendigungsrechtsstreits ist die Unklarheit über die Wirksamkeit der Kündigung und damit über das Bestehen eines Beschäftigungsanspruchs des Arbeitnehmers bis zum rechtskräftigen Abschluss des Kündigungsrechtsstreits.[600]

596 Oetker, ZIP 2000, 643, (652)
597 Oetker, ZIP 2000, 643, (652)
598 ebenso: Ziemann, MDR 1999, 716, (721)
599 Preis, Anm. zu LAG Köln v. 10.01.1989, § 611 BGB Einstellungsanspruch Nr. 1, unter III.2.d); Ziemann, MDR 1999, 716, (721)
600 KR-Etzel, § 102 BetrVG, Rn. 269

Bei der Geltendmachung eines Wiedereinstellungsanspruchs steht dagegen die wirksame Beendigung des früheren Arbeitsverhältnisses fest. Für einen Beschäftigungsanspruch entsteht erst mit der Neubegründung des Arbeitsverhältnisses zum Zeitpunkt des rechtskräftigen stattgebenden Urteils über die Wiedereinstellung wieder eine Grundlage. Die Anerkennung eines Beschäftigungsanspruchs des Arbeitnehmers während des Rechtsstreits um die Wiedereinstellung stünde daher im Widerspruch zur materiellen Rechtslage.

Im Ergebnis entsteht ein Beschäftigungsanspruch des Arbeitnehmers somit erst mit rechtskräftiger Verurteilung des Arbeitgebers zur Annahme des Wiedereinstellungsangebots des Arbeitnehmers. Im Gegensatz zur Rechtsprechung des 2. Senats des BAG kann der Arbeitnehmer mangels erkennbar sachlicher Notwendigkeit und aufgrund dogmatischer Einwände (verschiedene Streitgegenstände) auch nicht unmittelbar auf Erfüllung der Pflichten aus dem zu begründenden Arbeitsverhältnis klagen.

2. Frist für die Geltendmachung des Wiedereinstellungsanspruchs

Streitig ist, ob die gerichtliche Geltendmachung des Wiedereinstellungsanspruchs an eine bestimmte Frist gebunden ist. Generell für eine Fristbindung spricht das Bedürfnis des Arbeitgebers nach Rechtssicherheit. Aus diesem Grund wird von einer Auffassung die analoge Anwendung der 3-Wochen-Frist des § 4 KSchG vorgeschlagen.[601] Fristbeginn soll der Zeitpunkt des Wegfalls des Kündigungsgrundes[602] bzw. der Kenntniserlangung des Arbeitnehmers hiervon sein[603] oder bei einem Wegfall des Kündigungsgrundes während der Kündigungsfrist die Beendigung des Arbeitsverhältnisses.[604] Eine Analogie zu § 4 KSchG setzt das Bestehen einer Regelungslücke, sowie eine vergleichbare Interessenlage voraus. Eine Regelungslücke liegt angesichts der fehlenden gesetzlichen

601 ArbG Frankfurt a. M. v. 20.07.1999, NZA- RR 1999, 580; Hambitzer, Wiedereinstellungsanspruch, S. 165 ff.; ders., NJW 1985, 2239, (2242); Meinel/Bauer, NZA 1999, 575, (580)

602 Hambitzer, Wiedereinstellungsanspruch, S. 168

603 ArbG Frankfurt a. M. v. 20.07.1999, NZA- RR 1999, 580; Meinel/Bauer, NZA 1999, 575, (580 f.)

604 Hambitzer, Wiedereinstellungsanspruch, S. 169

Normierung einer zeitlichen Begrenzung für die Wiedereinstellungsklage vor. Gegen eine Vergleichbarkeit der Interessenlage wird häufig vorgebracht, dass es sich bei der Kündigungsschutzklage um etwas völlig anderes handele als bei der Wiedereinstellungsklage, weil der Betroffene mit letzterer gerade nicht die Wirksamkeit der Kündigung angreife, sondern die Neubegründung des Arbeitsverhältnisses anstrebe.[605] Dagegen wird zu Recht eingewendet, dass damit nur die Unterschiede der Streitgegenstände herausgestellt würden, aber noch nicht geklärt sei, ob der Normzweck des § 4 KSchG beide Sachverhalte erfasse.[606] Sinn und Zweck der Regelung der Klagefrist des § 4 KSchG besteht darin, den Parteien möglichst bald Klarheit über den Fortbestand oder das Ende des Arbeitsverhältnisses zu verschaffen.[607] Grundsätzlich besteht auch beim Wiedereinstellungsanspruch ein berechtigtes Interesse des Arbeitgebers an baldiger Klärung, ob es zu einer endgültigen Beendigung des Arbeitsverhältnisses kommt. Jedoch dient die Klagefrist des § 4 KSchG in erster Linie der Sicherung der Dispositionsfreiheit der Parteien.[608] Einem Wiedereinstellungsanspruch des Arbeitnehmers stehen dagegen anderweitige Dispositionen des Arbeitgebers, die dieser nicht treuwidrig vorgenommen hat, entgegen. Einer Sicherung der Dispositionsfreiheit des Arbeitgebers bedarf es insoweit also nicht.[609] Bei Kenntnis vom Wegfall des Kündigungsgrundes kann der Arbeitgeber seiner Rechtsunsicherheit dadurch begegnen, dass er eine negative Feststellungsklage erhebt oder dem Arbeitnehmer ein Vertragsangebot macht, das nach den Regeln der §§ 147 ff. BGB anzunehmen ist.[610] Ein vergleichbares Bedürfnis des Arbeitgebers nach Rechtssicherheit beim Wiedereinstellungsanspruch gegenüber der Klärung der Frage, ob die Kündigung wirksam ist, besteht also nicht. Außerdem lässt sich gegen die analoge Anwendung der Frist des § 4 KSchG anführen, dass prozessual grundsätzlich die Erhebung von Leistungs- und Feststellungsklagen nicht an Klagefristen gebunden

605 LAG Hamburg v. 26.04.1990, § 611 BGB Einstellungsanspruch Nr. 2; Oetker, ZIP 2000, 643, (651); Strathmann, Wiedereinstellungsanspruch, S. 107; Ertl, DStR 2001, 442, (451)

606 Hambitzer, Wiedereinstellungsanspruch, S. 167

607 KR-Friedrich, § 4 KSchG, Rn. 10

608 Bram/Rühl, NZA 1990, 753, (755)

609 Raab, RdA 2000, 147, (154)

610 Boewer, NZA 1999, 1177, (1183)

ist.[611] Bei der Regelung des § 4 KSchG für die Kündigungsschutzklage handelt es sich somit um eine Ausnahmevorschrift, bei deren Analogiebildung Zurückhaltung geboten ist. Gegen die Heranziehung des § 4 KSchG spricht außerdem die praktische Erwägung, dass der Zeitpunkt des Wegfalls des Kündigungsgrundes als möglicher Fristbeginn oft nicht so klar fixierbar ist, um als Ausgangspunkt für die kurze 3-wöchige Ausschlussfrist dienen zu können.[612] Stattdessen wird überwiegend befürwortet, auf die allgemeinen Grundsätze der Verwirkung abzustellen.[613] Danach ist ein Recht verwirkt, wenn der Arbeitnehmer in Kenntnis der Umstände, die das Recht begründen, längere Zeit untätig bleibt (sog. Zeitmoment) und dadurch beim Arbeitgeber das berechtigte Vertrauen erweckt, die Geltendmachung des Rechts werde unterbleiben und der Arbeitgeber sich deshalb darauf einrichtet (sog. Umstandsmoment).[614] Für das Zeitmoment kann im Hinblick auf den in § 4 KSchG zum Ausdruck kommenden Rechtsgedanken die 3-Wochen-Frist ab vollständiger Tatsachenkenntnis als Anhaltspunkt genommen werden.[615] Auf diese Weise kann dem verbleibenden Bedürfnis des Arbeitgebers nach Rechtssicherheit hinreichend Rechnung getragen werden.

---

611 v. Stein, Fehleinschätzungen, S. 191; Honstetter, Prognoseentscheidung des Arbeitgebers, S. 167

612 Bram/Rühl, NZA 1990, 753, (757); Zwanziger, BB 1997, 42, (45); Beckschulze, DB 1998, 417, (418)

613 Oetker, ZIP 2000, 643, (651); KR-Etzel, § 1 KSchG, Rn. 742; Zwanziger, BB 1997, 42, (45); Boewer, NZA 1999, 1177, (1183); Raab, RdA 2000, 147, (154); Bram/Rühl, NZA 1990, 753, (757); Strathmann, Wiedereinstellungsanspruch, S. 108 ff.

614 Vgl. Strathmann, Wiedereinstellungsanspruch, S. 108

615 Ebenso: APS/Kiel, § 1 KSchG, Rn. 801; Strathmann, Wiedeeinstellungsanspruch, S. 112

XII. Abfindungsanspruch des Arbeitnehmers bei Unzumutbarkeit der Wiedereinstellung

Falls die Wiedereinstellung dem Arbeitgeber aufgrund überwiegender entgegenstehender Interessen nicht zumutbar ist, z. B. weil er den Arbeitsplatz zwischenzeitlich gutgläubig wiederbesetzt hat, stellt sich die Frage, ob der Arbeitnehmer als Surrogat für die Nichtwiedereinstellung eine Abfindung verlangen kann. Einige Autoren befürworten die Zahlung einer Abfindung analog §§ 9, 10 KSchG[616] oder aus dem Gedanken der Aufopferung.[617] Diese Meinungen wurden für die Verdachtskündigung entwickelt, lassen sich aber auch auf die Fälle eines unbegründeten Wiedereinstellungsanspruchs nach krankheits- oder betriebsbedingter Kündigung übertragen.[618] Demgegenüber vertritt der überwiegende Teil der Literatur, dass es für einen Abfindungsanspruch des Arbeitnehmers an einer Rechtsgrundlage fehle.[619]

1. Abfindungsanspruch analog §§ 9, 10 KSchG

Eine Analogie zu §§ 9, 10 KSchG setzt das Vorliegen einer Regelungslücke und einer vergleichbaren Interessenlage voraus. Mangels gesetzlicher Regelung eines allgemeinen Wiedereinstellungsanspruchs und der Konsequenzen bei seiner Ablehnung wegen Unzumutbarkeit für den Arbeitgeber ist eine Regelungslücke zu bejahen.

---

616 Gamillscheg, ArbR I, S. 433; Belling, RdA 1996, 223, (239); Weslau, BuW 1998, 953, (954); Zwanziger, BB 1997, 42, (45)

617 Herschel, BlStSozArbR 1977, 113, (115); Belling, RdA 1996, 223, (239); ebenfalls für einen Abfindungsanspruchs, jedoch ohne Aussage zur Rechtsgrundlage Hwang, S. 126

618 Hambitzer, Wiedereinstellungsanspruch, S. 158 f.

619 KR-Fischermeier, § 626 BGB, Rn. 234; Bram/Rühl, NZA 1990, 753, (758); Hambitzer, Wiedereinstellungsanspruch, S. 158 ff.; v. Stein, Fehleinschätzungen, S. 168 ff.; Honstetter, Prognoseentscheidung, S. 164; Westera, Wiedereinstellungsanspruch, S. 120 f.

Gegen eine Vergleichbarkeit der Interessenlage wird geltend gemacht, dass § 9 KSchG ein noch wirksames Arbeitsverhältnis voraussetze.[620] Der Grund, der die Abfindungsregelung rechtfertige, sei in erster Linie die Sozialwidrigkeit der Kündigung.[621] Nur ein unrechtmäßig handelnder Arbeitgeber sei zum finanziellen Ausgleich verpflichtet.[622] Dagegen sehe das KSchG den entschädigungslosen Verlust des Arbeitsplatzes vor, wenn hierfür ein anerkennenswerter Grund bestehe.[623] Insofern wird die Frage aufgeworfen, ob die gesetzliche Regelung in §§ 9, 10 KSchG nicht sogar der Annahme eines Abfindungsanspruchs des Arbeitnehmers bei Nichtwiedereinstellung entgegenstehe.[624]

§ 9 Abs. 1 Satz 2 KSchG räumt dem Arbeitgeber ausnahmsweise die Möglichkeit ein, sich trotz Sozialwidrigkeit der Kündigung vom Arbeitnehmer zu lösen. Voraussetzung ist die Undienlichkeit der weiteren Zusammenarbeit der Parteien. Beim Wiedereinstellungsanspruch besteht zwar das Arbeitsverhältnis nicht fort, jedoch existiert eine Wiedereinstellungspflicht für den Arbeitgeber, von der dieser aber bei Unzumutbarkeit der Wiedereinstellung entbunden wird. Sowohl bei der Auflösung des Arbeitsverhältnisses als auch bei der Nichtwiedereinstellung erleidet der Arbeitnehmer den Nachteil, ohne Arbeitsverhältnis zu sein.[625] In beiden Fällen ist der Grund die Undienlichkeit bzw. Unzumutbarkeit der Beschäftigung für den Arbeitgeber, wobei § 9 Abs. 1 KSchG für den einen Fall eine Abfindungsregelung enthält. Vor diesem Hintergrund erscheint eine Vergleichbarkeit der Interessenlage zunächst nicht abwegig.[626] Problematisch ist allerdings der berechtigte Einwand der Gegenansicht, dass das geltende Kündigungsschutzrecht eine Abfindungspflicht des Arbeitgebers nur bei Sozialwidrigkeit der Kündigung vorsieht. Bei Vorliegen eines anerkannten Kündigungsgrundes kann sich der Arbeitgeber ohne Entschädigung vom Arbeitnehmer lösen. Vorliegend ist die Kündigung des Arbeitgebers zwar rechtswirksam, jedoch nur weil als Beurteilungszeitpunkt auf den Zugang der Kündigungserklärung abgestellt wur-

---

620 Bram/Rühl, NZA 1990, 753, (758); v. Stein, Fehleinschätzungen, S. 169

621 Hambitzer, Wiedereinstellungsanspruch, S. 160

622 Hambitzer, Wiedereinstellungsanspruch, S. 160; v. Stein, Fehleinschätzungen, S. 169

623 Gentges, Prognoseprobleme, S. 371

624 Gentges, Prognoseprobleme, S. 370

625 Hambitzer, Wiedereinstellungsanspruch, S. 159

626 Vgl. Belling, RdA 1996, 223, (239)

de. Tatsächlich ist der anerkannte Kündigungsgrund noch vor Ablauf der Kündigungsfrist wieder entfallen. Wie bereits festgestellt, will das KSchG an sich den Bestandsschutz bis zur Beendigung des Arbeitsverhältnisses gewährleisten. Aus diesem Bestandsschutzgedanken wurde die Pflicht zur Wiedereinstellung des Arbeitnehmers abgeleitet. Daher fragt es sich, ob der Fall eines Wegfalls des Kündigungsgrundes bis zum Ablauf der Kündigungsfrist nicht dem einer sozialwidrigen Kündigung gleichgestellt werden muss. Die Gleichbehandlung bei der Frage des Fortbestandes bzw. der Wiedereinräumung des Arbeitsplatzes des Arbeitnehmers gebietet an sich auch eine Gleichstellung hinsichtlich der weiteren Konsequenzen, also auch der Folgen bei nicht Nichtrealisierbarkeit bzw. Untergang des Anspruchs des Arbeitnehmers. Der Sinn und Zweck der dem Arbeitgeber gem. § 9 Abs. 1 Satz 2 KSchG eingeräumten Lösungsmöglichkeit besteht allerdings darin, einer eventuellen Zerrüttung des Vertrauensverhältnisses der Arbeitsvertragsparteien im Verlauf des durch die Kündigung ausgelösten Verfahrens Rechnung zu tragen.[627] Als Gründe im Sinne des § 9 Abs. 1 Satz 2 KSchG, die eine den Betriebszwecken dienliche weitere Zusammenarbeit zwischen den Parteien nicht mehr erwarten lassen, kommen daher nur solche Umstände in Betracht, die das persönliche Verhältnis zum Arbeitgeber sowie die Wertung der Persönlichkeit des Arbeitnehmers betreffen.[628] Dagegen reichen bloße wirtschaftliche oder betriebliche Gründe nicht aus, um eine gerichtliche Auflösung des Arbeitsverhältnisses auf Antrag des Arbeitgebers zu rechtfertigen.[629] Die Unzumutbarkeit der Wiedereinstellung wird dagegen in der Regel ausschließlich wirtschaftlich bzw. betrieblich begründet sein, z. B. bei einer zwischenzeitlichen Wiederbesetzung des Arbeitsplatzes. Insofern sind die Situationen verschieden. Die Regelung des § 9 Abs. 1 Satz 2 KSchG ist allein für die Fälle vorgesehen, in denen die Zerrüttung des Arbeitsverhältnisses in dem Verhalten oder der Person des Arbeitnehmers ihren Grund hat.[630] Jedoch lässt sich an dieser Stelle eine Parallelwertung im Wege des erst-recht-Schlusses herleiten. Wenn § 9 Abs. 1 Satz 2 KSchG schon eine Abfindungspflicht des Arbeitgebers

627 Vgl. Begr. z. Reg.-Entw. d. KSchG, RdA 1951, 61, (64)
628 BAG v. 14.10.1954, AP-Nr. 6 zu § 3 KSchG; KR-Spilger, § 9 KSchG, Rn. 55
629 v. Hoyningen-Huene/Linck, § 9 KSchG, Rn. 39; Löwisch, § 9 KSchG, Rn. 59; KR-Spilger, § 9 KSchG, Rn. 55
630 KR-Spilger, § 9 KSchG, Rn. 56

normiert, für den Fall, dass die Gründe, die zur Undienlichkeit der weiteren Zusammenarbeit führen, in dem Verhalten oder der Person des Arbeitnehmers ihren Grund haben, dann erscheint es umso mehr gerechtfertigt, eine Abfindungspflicht anzunehmen, wenn die Gründe für die Versagung des Wiedereinstellungsanspruchs in der Arbeitgebersphäre liegen. Eine Vergleichbarkeit der Interessenlage ist daher zu bejahen, zumal sich aus § 9 Abs. 1 KSchG der weitergehende Rechtsgedanke herleiten lässt, dass eine Auflösung des Arbeitsverhältnisses trotz unwirksamer Kündigung wenn überhaupt nur gegen Abfindung möglich sein soll. Dem ist aus den oben genannten Gründen der Fall einer Versagung der Wiedereinstellung trotz an sich bestehender Wiedereinstellungspflicht des Arbeitgebers gleichzustellen. Ein Abfindungsanspruch des Arbeitnehmers ergibt sich somit analog §§ 9 Abs. 1 Satz 2, 10 KSchG.

2. Abfindung aus allgemeinem privatrechtlichem Aufopferungsanspruch

Ergänzend könnte ein Abfindungsanspruch des Arbeitnehmers aus einem allgemeinen privatrechtlichen Aufopferungsanspruch folgen, der besagt, dass bei bestehender Interessenkollision das überwiegende Interesse durch Eingriff in das Geringere verfolgt werden darf, der Verletzte jedoch Entschädigung für das ihm auferlegte Sonderopfer verlangen kann.[631] So könnte man argumentieren, dass das Wiedereinstellungsinteresse des Arbeitnehmers hier ausnahmsweise hinter den überwiegenden Interessen des Arbeitgebers zurücktreten müsse, was eine Entschädigungspflicht des Arbeitgebers auslöse. Die Anerkennung eines allgemeinen zivilrechtlichen Aufopferungsanspruchs ist jedoch umstritten.[632] Die Befürworter leiten diesen Anspruch aus dem allgemeinen Rechtsgedanken ab, der z. B. in §§ 904, 906 Abs. 2 Satz 2, 912, 917, 867, 962 BGB, § 14 BImSchG zum Ausdruck kommt.[633]

---

631 So Hubmann, JZ 1958, 489, (491); Belling, RdA 1996, 223, (239)

632 Befürwortend: Hubmann, JZ 1958, 489, (491); Fikentscher, SchuldR, § 112, Rn. 1348; Belling, RdA 1996, 223, (239); Ablehnend: Konzen, Aufopferung im Zivilrecht, S. 164; Palandt/Bassenge, § 903, Rn. 11; Larenz/Canaris, SchuldR II/2, § 85, V.2.; v. Stein, Fehleinschätzungen, S. 171; Hambitzer, Wiedereinstellungsanspruch, S. 161 ff.

633 Fikentscher, SchuldR, § 112, Rn. 1348

Auch wenn den verschiedenen Aufopferungstatbeständen ein gemeinsamer Gedanke zugrunde liegt, lässt sich aus diesen Einzelnormierungen kein allgemeiner zivilrechtlicher Aufopferungsanspruch konstruieren. Dies folgt aus dem Umstand, dass der Gesetzgeber den Aufopferungsgedanken jeweils nur für Sonderfälle zu einem Anspruch verdichtet hat.[634] Um ein allgemeines Prinzip zivilrechtlicher Haftung handelt es sich dabei nicht, weil sonst höherrangige Prinzipien des Zivilrechts, wie der gesetzliche Schutz absoluter Rechte, das System gesetzlicher Rechtfertigungsgründe sowie der Grundsatz der Verschuldenshaftung überdeckt bzw. umgangen würden.[635] Gegen die Annahme eines allgemeinen Prinzips spricht weiter, dass Interessenkollisionen im Privatrecht alltäglich sind und daher Eingriffe in fremde Interessen in der Regel schon tatbestandlich keine Verletzung eines geschützten Rechtsguts darstellen.[636]

Die Anerkennung eines allgemeinen zivilrechtlichen Aufopferungsanspruchs ist daher abzulehnen.

634 v. Stein, Fehleinschätzungen, S. 171; Hambitzer, Wiedereinstellungsanspruch, S. 163

635 Konzen, Aufopferung im Zivilrecht, S. 164

636 Larenz/Canaris, SchuldR II/2, § 85, V.2.

XIII. Informationspflichten

Die Geltendmachung des Wiedereinstellungsanspruchs durch den Arbeitnehmer setzt dessen Kenntnis vom Wegfall des Kündigungsgrundes voraus. Dies ist bei der personenbedingten Kündigung unproblematisch, weil dort die Kündigungsgründe in den persönlichen Lebensumständen des Arbeitnehmers liegen, sodass für diesen der Wegfall des Kündigungsgrundes, z. B. bei einer krankheitsbedingten Kündigung die relevante nachträgliche Verbesserung des Gesundheitszustandes, regelmäßig eher erkennbar ist als für den Arbeitgeber.[637] Im Falle der betriebsbedingten Kündigung wird der Arbeitnehmer von den Umständen, die die zunächst plausible Prognose über Umsatz- und Auftragsentwicklung sowie Beschäftigungsbedarf widerlegen, in der Regel nicht unmittelbar erfahren.[638] Daher stellt sich hier die Frage, ob der Arbeitgeber seinen Arbeitnehmer über den Wegfall des Kündigungsgrundes unterrichten muss. Das Bestehen einer solchen Mitteilungspflicht für den Arbeitgeber ist umstritten. Teilweise wird sie ganz abgelehnt,[639] andere sehen in ihr lediglich eine Obliegenheit des Arbeitgebers, deren Verletzungen ihm die Berufung auf eine zwischenzeitlich erfolgte Stellenbesetzung verwehre.[640] Die Ablehnung wird mit dem Fehlen einer Rechtsgrundlage für die Annahme einer entsprechenden Pflicht des Arbeitgebers begründet.[641] Demgegenüber stützen die Befürworter einer Informationspflicht des Arbeitgebers[642] diese zumeist auf § 242 BGB in Gestalt der Interessen- bzw. Fürsorgepflicht des Arbeitgebers als Anspruchsgrundlage für den

637 Bram/Rühl, NZA 1990, 753, (756); Raab, RdA 2000, 147, (156)

638 Bram/Rühl, NZA 1990, 753, (756); Raab, RdA 2000, 147, (156)

639 MünchHdb. ArbR II/Berkowsky, § 134, Rn. 88; Löwisch, KSchG, § 1, Rn. 263

640 Raab, RdA 2000, 147, (156); Bram/Rühl, NZA 1990, 753, (756); Nicolai/Noak, ZfA 2000, 87, (105)

641 MünchHdb. ArbR II/Berkowsky, § 134, Rn. 88; Bram/Rühl, NZA 1990, 753, (756)

642 Boewer, NZA 1999, 1177, (1180 f.); Hambitzer, Wiedereinstellungsanspruch, S. 148; Strathmann, Wiedereinstellungsanspruch, S. 100 ff.; APS/Kiel, § 1 KSchG, Rn. 798; Weslau, BuW 1998, 953, (958)

Wiedereinstellungsanspruch selbst.[643] Der letztgenannten Ansicht ist inzwischen auch der 7. Senat des BAG für den Einzelfall beigetreten.[644] Selbst wenn man, wie vorliegend, den Wiedereinstellungsanspruch nicht primär aus der Interessenwahrungs- bzw. Fürsorgepflicht des Arbeitgebers herleitet, ist eine aus § 242 BGB folgende Informationspflicht des Arbeitgebers gegenüber dem Arbeitnehmer über einen Wegfall des Kündigungsgrundes in seiner Sphäre grundsätzlich zu bejahen. Die mit dem Wegfall des Kündigungsgrundes entstehende Wiedereinstellungspflicht des Arbeitgebers begründet ein dem durch Eintritt in Vertragsverhandlungen vergleichbares gesetzliches Schuldverhältnis.[645] Innerhalb dieses Schuldverhältnisses obliegen den Parteien Aufklärungspflichten.[646] Danach muss der eine Teil den anderen auf Umstände hinweisen, die für diesen nicht erkennbar, aber offenbar von Bedeutung sind.[647] Da der Arbeitnehmer seinen Wiedereinstellungsanspruch nicht geltend machen kann, ohne dass der Arbeitgeber ihn von den Veränderungen in seinem Betrieb, die zu einer Falsifizierung der Ursprungspronose führen, in Kenntnis setzt, ist eine entsprechende Informationspflicht des Arbeitgebers zu bejahen.[648]

Eine Informationspflicht des Arbeitgebers besteht jedoch nicht, wenn der Wegfall des Kündigungsgrundes erst erfolgt, nachdem der Arbeitgeber über den Arbeitsplatz bereits anderweitig disponiert hat oder die Kündigungsfrist des Arbeitnehmers abgelaufen ist, da in diesen Fällen von vornherein kein Wiedereinstellungsanspruch des Arbeitnehmers in Betracht kommt.[649] Ebenso ist entgegen einer im Schrifttum geäußerten Ansicht,[650] eine Informationspflicht des Arbeitgebers hinsichtlich von ihm geplanter Dispositionen bezüglich des Arbeitsplatzes des gekündigten Arbeitnehmers zu verneinen. Bis zur Kenntnis vom Wegfall des Kündigungsgrundes kann der Arbeitgeber seinerseits beliebig disponie-

---

643 Hambitzer, Wiedereinstellungsanspruch, S. 150; Strathmann, Wiedereinstellungsanspruch, S. 102; APS/Kiel, § 1 KSchG, Rn. 798

644 BAG v. 28.06.2000, ZIP 2000, 1781, (1786)

645 Vgl. BGH v. 18.04.1974, NJW 1974, 1903, (1904); Preis, DB 1998, 309, (313); Boewer, NZA 1999, 1177, (1180); Erman/Hefermehl, BGB, Vor § 145, Rn. 21

646 Erman/Werner, BGB, § 242, Rn. 57; MüKO/Roth, § 242, Rn. 260 ff.

647 Erman/Werner, BGB, § 242, Rn. 57; MüKO/Roth, § 242, Rn. 260 ff.

648 Ebenso Boewer, NZA 1999, 1177, (1180 f.)

649 Boewer, NZA 1999, 1177, (1181)

650 Oetker, Anm. zu BAG v. 28.06.2000, ZIP 2000, 1787, (1789)

ren. Danach sind solche Dispositionen ohnehin nicht mehr schutzwürdig und können den Erfüllungsanspruch des Arbeitnehmers auf Wiedereinstellung nicht hindern. Eine Informationspflicht hinsichtlich geplanter Dispositionen würde also nur Sinn machen, falls der Kündigungsgrund inzwischen in der Sphäre des Arbeitnehmers weggefallen sein sollte, dies dem Arbeitgeber aber noch nicht zur Kenntnis gelangt ist. Fällt der Kündigungsgrund aber in der Sphäre des Arbeitnehmers weg, obliegt es diesem, den Arbeitgeber hierüber zu informieren[651] und damit dessen Gutgläubigkeit zu beenden. Dies erscheint schon deshalb gerechtfertigt, weil der Arbeitnehmer nicht notwendigerweise ein Interesse an der Wiedereinstellung haben muss.[652]

Unterlässt der Arbeitgeber schuldhaft die gebotene Aufklärung des Arbeitnehmers über den Fortfall des Kündigungsgrundes und kann der Arbeitnehmer deshalb seinen Wiedereinstellungsanspruch erst verspätet durchsetzen, so steht diesem ein Schadensersatzanspruch aus § 280 I BGB (pVV) zu.[653]

651 Ebenso Raab, RdA 2000, 147, (156); Boewer, NZA 1999, 1177, (1180)
652 Vgl. Raab, RdA 2000, 147, (156)
653 Ebenso Raab, RdA 2000, 147, (158)

XIV. Beteiligung des Betriebsrats

Umstritten ist, ob in Betrieben mit Betriebsrat die aufgrund eines Wiedereinstellungsanspruchs erfolgende Reintegration des Arbeitnehmers in den Betrieb eine zustimmungsbedürftige Einstellung nach § 99 Abs. 1 BetrVG darstellt.[654] Der 2. Senat des BAG hat sich jüngst in einer Entscheidung betreffend eine Wiedereinstellungszusage des Arbeitgebers dahingehend geäußert, dass es sich bei der Wiedereinstellung durch Neuabschluss eines Arbeitsvertrages jedenfalls dann um eine mitbestimmungspflichtige Einstellung handele, wenn dem Arbeitgeber hinsichtlich des Einsatzes des Arbeitnehmers nicht jeglicher Entscheidungsspielraum fehle.[655]

Eine Einstellung im Sinne des § 99 Abs. 1 BetrVG liegt nach der neueren Rechtsprechung des BAG vor, wenn Personen in den Betrieb eingegliedert werden, um zusammen mit den dort schon beschäftigten Arbeitnehmern den arbeitstechnischen Zweck des Betriebes durch weisungsgebundene Tätigkeit zu verwirklichen.[656] Vereinzelt wird eine mitbestimmungspflichtige Einstellung schon mit der Begründung abgelehnt, dass es an einer Eingliederung fehle, weil der Arbeitnehmer durch die vorangegangene Beschäftigung bereits in den Betrieb eingegliedert sei.[657] Es wird eine Parallele zum Fall der Rücknahme der Kündigung gezogen,[658] wo eine Mitbestimmung größtenteils verneint wird.[659] Gegen diese Ar-

654 Befürwortend: Bram/Rühl, NZA 1990, 753, (756); Nägele, BB 1998, 1686, (1689); Ziemann, MDR 1999, 716, (720); Im Grundsatz ablehend: Oetker, ZIP 2000, 643, (652); Boewer, NZA 1999, 1177, (1181 f.); Langer, NZA 1991, Beil. Nr. 3, 23, (29); Beckschulze, DB 1998, 417, (421), Hambitzer, Wiedereinstellungsanspruch, S. 146 f.; Strathmann, Wiedereinstellungsanspruch, S. 100

655 BAG v. 05.04.2001, NZA 2001, 893, (895)

656 BAG v. 22.04.1997, NZA 1997, 1297, (1299); BAG v. 28.04.1998, NZA 1998, 1352, (1353); BAG v. 05.04.2001, NZA 2001, 893, (895)

657 Beckschulze, DB 1998, 417, (421)

658 Beckschulze, DB 1998, 417, (421)

659 LAG Frankfurt v. 12.05.1987, LAGE § 101 BetrVG 1972 Nr. 2; Löwisch, BetrVG, § 99, Rn. 4; GK-BetrVG/Kraft, § 99, Rn. 32; F/K/H/E, § 99 BetrVG, Rn. 39; a. A. DKK/Kittner, BetrVG, § 99, Rn. 46

gumentation spricht, dass die Wiedereinstellung im Gegensatz zur Rücknahme der Kündigung durch Abschluss eines neuen Arbeitsvertrages nach wirksamer Beendigung des vorangegangenen Arbeitsverhältnisses erfolgt. Ist das alte Arbeitsverhältnis wirksam aufgelöst worden, dann ist ein neuer Vertragsschluss und auf dieser Grundlage eine erneute Eingliederung des Arbeitnehmers in den Betrieb erforderlich.[660]

Allerdings wird eine Mitbestimmung des Betriebsrats vielfach im Hinblick auf den Formzweck des § 99 Abs. 1 BetrVG abgelehnt.[661] Durch die Mitwirkungsrechte des Betriebsrats soll der von ihm repräsentierten Arbeitnehmerschaft Einfluss und Kontrolle bezüglich der sie betreffenden Entscheidungen des Arbeitgebers ermöglicht werden.[662] Daher scheidet ein Mitbestimmungsrecht aus, wenn der Arbeitgeber selbst keinen Entscheidungsspielraum hat.[663] Aus diesem Grund wird eine Einstellung im Sinne des § 99 Abs. 1 BGB allgemein abgelehnt, wenn die Entstehung oder Fortsetzung des Arbeitsverhältnisses nicht auf einem Entschluss des Arbeitgebers beruht, sondern vom Gesetz vorgeschrieben wird, wie z. B. in den Fällen des § 78 a BetrVG oder des § 613 a BGB.[664] Entsprechendes gelte für den Fall eines Wiedereinstellungsanspruchs des Arbeitnehmers, da der Arbeitgeber auch dann einem Kontrahierungszwang unterliege, dem er nicht ausweichen könne.[665]

Sofern der Wiedereinstellungsanspruch des Arbeitnehmers auf Beschäftigung auf dem ursprünglichen Arbeitsplatz gerichtet ist, fehlt es tatsächlich an dem von § 99 Abs. 1 BetrVG teleologisch vorausgesetzten Entscheidungsspielraum des Arbeitgebers, sodass eine mitbestimmungspflichtige Einstellung abzulehnen ist.

Etwas anderes gilt, wenn der Arbeitgeber nur einen anderen Arbeitsplatz im Betrieb oder die Beschäftigung zu geänderten Arbeitsbedingun-

---

660 Richardi, BetrVG, § 99, Rn. 44; Nägele, BB 1998, 1686, (1689)

661 Oetker, ZIP 2000, 643, (652); Boewer, NZA 1999, 1177, (1181 f.); Hambitzer, Wiedereinstellungsanspruch, S. 145 ff.; Herschel, BlStSozArbR 1977, 113, (116)

662 v. Hoyningen-Huene, BetrVR, § 1, II. 2., S. 3; GK- BetrVG/Kraft, § 87, Rn. 95; Hambitzer, Wiedereinstellungsanspruch, S. 145 f.

663 GK-Kraft, BetrVG, § 99, Rn. 31; F/K/H/E, § 99 BetrVG, Rn. 39; ErfK/Hanau/Kania, § 99 BetrVG, Rn. 6

664 GK-Kraft, BetrVG, § 99, Rn. 31; F/K/H/E, § 99 BetrVG, Rn. 39; ErfK/Hanau/Kania, § 99 BetrVG, Rn. 6; DKK/Kittner, § 99, Rn. 49; Hess/Schlochauer/Glaubitz, BetrVG, § 99, Rn. 23; Richardi, BetrVG, § 99, Rn. 41

665 Hambitzer, Wiedereinstellungsanspruch, S. 146; Oetker, ZIP 2000, 643, (652)

gen anbieten kann.[666] Hier verbleibt dem Arbeitgeber ein gewisser Entscheidungsspielraum bezüglich des auszuwählenden Arbeitsplatzes und der Arbeitsbedingungen. Dadurch werden die kollektiven Interessen der Belegschaft berührt, deren Schutz das Mitbestimmungsrecht des § 99 Abs. 1 BetrVG gerade bezweckt.[667] Folglich ist in diesen Fällen nach dem Schutzzweck des § 99 Abs. 1 BetrVG eine Beteiligung des Betriebsrats geboten.

Gleiches gilt, wenn der Arbeitgeber nicht zur Wiedereinstellung aller gekündigten Arbeitnehmer verpflichtet ist und daher eine Auswahlentscheidung nach sozialen Gesichtspunkten zu treffen hat.[668] Da sich alle Bewerber auf einen Wiedereinstellungsanspruch berufen, wird vertreten, dass der Betriebsrat bei einer aus seiner Sicht mangelhaften Sozialauswahl die Zustimmungsverweigerung zur Einstellung eines sozial weniger schutzbedürftigen Arbeitnehmers auf § 99 Abs. 2 Nr. 3 BetrVG stützen könne.[669] Nach der hier vertretenen Ansicht kommt ebenso eine Zustimmungsverweigerung gem. § 99 Abs. 2 Nr. 1 BetrVG wegen Verstoßes gegen die Auswahlgrundsätze des § 1 Abs. 3 KSchG analog in Betracht.[670]

Im Ergebnis ist daher eine mitbestimmungspflichtige Einstellung im Sinne des § 99 Abs.1 BetrVG bei einem Wiedereinstellungsanspruch des Arbeitnehmers aufgrund nachträglichen Wegfalls des Kündigungsgrundes nur dann zu bejahen, wenn die Wiedereinstellung auf einem anderen als dem ursprünglichen Arbeitsplatz erfolgen soll oder eine Sozialauswahl zwischen mehreren Anspruchsberechtigten erforderlich ist.

666 Vgl. zu dieser Differenzierung: v. Stein, Fehleinschätzungen, S. 183 f.; Boewer, NZA 1999, 1177, (1182)

667 v. Stein, Fehleinschätzungen, S. 183

668 Boewer, NZA 1999, 1177, (1182); Strathmann, Wiedereinstellungsanspruch, S. 100; Langer, NZA 1991, Beil. Nr. 3, 23, (29); F/K/H/E, § 99 BetrVG, Rn. 39 a; KR-Etzel, § 1 KSchG, Rn. 745

669 Boewer, NZA 1999, 1177, (1182)

670 Ebenso F/K/H/E, § 99 BetrVG, Rn. 39 a; KR-Etzel, § 1 KSchG, Rn. 745

XV. Zusammenfassung der Ergebnisse

1. Maßgeblicher Zeitpunkt für die Beurteilung der Sozialwidrigkeit einer Kündigung ist der Zugang der Kündigungserklärung. Dies folgt allein aus Rechtssicherheitsgründen.

2. Dogmatische Grundlage eines Wiedereinstellungsanspruchs des Arbeitnehmers nach wirksamer Kündigung ist eine gesetzesimmanente Rechtsfortbildung anhand des Regelungszwecks des KSchG. Diese legitimiert die Notwendigkeit eines Wiedereinstellungsanspruchs aber nur bei einem Wegfall des Kündigungsgrundes bis zum Ablauf der Kündigungsfrist. Eine Ausnahme gilt lediglich für Verdachtskündigung. Dort gebietet der Regelungsplan des KSchG die Berücksichtigung eines Wegfalls des Kündigungsgrundes auch noch nach Ablauf der Kündigungsfrist.

Die generelle Bejahung eines Wiedereinstellungsanspruchs bei einem Wegfall des Kündigungsgrundes nach Ablauf der Kündigungsfrist lässt sich dagegen auch im Wege gesetzesübersteigender Rechtsfortbildung nicht rechtfertigen.

3. Das Regelungsziel des KSchG gebietet grundsätzlich eine Prognosekorrektur unabhängig von der Art des Kündigungsgrundes. Etwas anderes gilt, wenn der Wegfall des Kündigungsgrundes allein auf des willensgesteuerte Verhalten des Arbeitnehmers zurückzuführen ist. Dann trifft das Fehlprognoserisiko ausschließlich den Arbeitnehmer. Da bei einer verhaltensbedingten Kündigung praktisch kein Fall denkbar ist, in dem der Wegfall des Kündigungsgrundes keine Verhaltensänderung des Arbeitnehmers voraussetzt, ist ein Wiedereinstellungsanspruch bei verhaltensbedingten Kündigungen abzulehnen.

4. Ein Wiedereinstellungsanspruch entsteht nicht nur, wenn wider Erwarten der Arbeitnehmer auf seinem bisherigen Arbeitsplatz weiterbeschäftigt werden kann, sondern auch in Fällen, in denen sich eine Beschäfti-

gungsmöglichkeit auf einem anderen Arbeitsplatz (ohne Änderung des Arbeitsverhältnisses) oder unter geänderten Vertragsbedingungen bzw. nach zumutbaren Umschulungs- oder Fortbildungsmaßnahmen ergibt (in Anlehnung an § 1 Abs. 2, S. 2 Nr. 1 b) bzw. § 1 Abs. 2, S. 3 KSchG).

5. Die Wiedereinstellungsverpflichtung steht unter dem Vorbehalt der Zumutbarkeit für den Arbeitgeber. Die Frage der Zumutbarkeit stellt sich sowohl hinsichtlich der Abschlusspflicht als solcher als auch bezüglich des konkreten Vertragsinhalts.

6. Bei mehreren Anspruchsberechtigten hat der Arbeitgeber bei der Wiedereinstellung eine Sozialauswahl analog § 1 Abs. 3 KSchG vorzunehmen. In die Auswahlentscheidung sind nur die bereits gekündigten Arbeitnehmer einzubeziehen. Eine Pflicht des Arbeitgebers zur Freikündigung eines Arbeitsplatzes besteht nicht.

7. Der Wiedereinstellungsanspruch führt zu einer Neubegründung des Arbeitsverhältnisses mit ex-nunc-Wirkung, d. h. ab Einverständniserklärung des Arbeitgebers bzw. stattgebendem Urteil. Daran dürfte sich auch nach der Schuldrechtsreform nichts ändern.

8. Prozessual muss der Wiedereinstellungsanspruch im Wege eines Leistungsantrags geltend gemacht werden. Der Antrag ist auf die Abgabe einer Willenserklärung des Arbeitgebers gem. § 894 Abs. 1 ZPO gerichtet.

9. Die Geltendmachung des Wiedereinstellungsanspruchs unterliegt den allgemeinen Grundsätzen der Verwirkung. Zur Konkretisierung des Zeitmoments kann allerdings die 3-Wochen-Frist des § 4 KSchG ab vollständiger Tatsachenkenntnis als Anhaltspunkt dienen.

10. Falls die Wiedereinstellung dem Arbeitgeber aufgrund überwiegender entgegenstehender Interessen unzumutbar ist, kann der Arbeitnehmer als Surrogat für die Nichtwiedereinstellung eine Abfindung analog §§ 9 Abs. 1 S. 2, 10 KSchG verlangen.

11. Erfolgt der Wegfall des Kündigungsgrundes in der Sphäre des Arbeitgebers, so ist dieser grundsätzlich verpflichtet, den Arbeitnehmer hiervon zu unterrichten. Unterlässt der Arbeitgeber schuldhaft die gebo-

tene Aufklärung, ist er dem Arbeitnehmer zum Schadensersatz gem. § 280 Abs. 1 BGB (pVV) verpflichtet.

12. Bei der Wiedereinstellung handelt es sich nur dann um eine mitbestimmungspflichtige Einstellung i. S. d. § 99 Abs. 1 BetrVG, wenn sie auf einem anderen als dem ursprünglichen Arbeitsplatz erfolgen soll oder eine Sozialauswahl zwischen mehreren Arbeitnehmern erforderlich ist.

XVI. Literaturverzeichnis

Adam, Roman F.: Die zweifelhafte Wirkung der Prognose im Kündigungsrecht, in: ZTR 1999, S. 113 ff.

—: Sanktion, Prognoseprinzip und Vertragsstörung bei der verhaltensbedingten Kündigung im Arbeitsrecht, in: NZA 1998, S. 284 ff.

—: Welcher Zeitpunkt sollte für die Beurteilung der Wirksamkeit der arbeitsrechtlichen Kündigung de lege ferenda maßgebend sein? in: DZWiR 1997, S. 522 ff.

Ascheid, Reiner/Preis, Ulrich/Schmidt, Ingrid: Großkommentar zum Kündigungsschutzgesetz, München 2000

Auffahrt, Fritz/Müller, Gerhard: Kündigungsschutzgesetz, Berlin 1960

Bader, Peter/Bram, Rainer/Dörner, Hans- Jürgen/Wenzel, Leonard: Kommentar zum Kündigungschutzgesetz, und zu den §§ 620 – 628 BGB, Neuwied, Stand: Dez. 2001

Bartel, Hans-Jürgen: Anmerkung zu BAG v. 6.8.1997, SAE 1998, S. 317 ff.

Becker, Friedrich (Begr.)/Hillebrecht, Wilfried (Begr.): Gemeinschaftskommentar zum KSchG und zu sonstigen kündigungsschutzrechtlichen Vorschriften,
- 6. Auflage, Neuwied 2002
- 5. Auflage, Neuwied 1998 (letztere zitiert unter Angabe der Auflage)

Beckschulze, Martin: Der Wiedereinstellungsanspruch nach betriebsbedingter Kündigung, in: DB 1998, S. 417 ff.

Belling, Detlev W.: Die Kündigung wegen verdachtsbedingten Vertrauenswegfalls, in: RdA 1996, S. 223 ff.

—: Die Verdachtskündigung, in: Festschrift für Rudolf Kissel, 1994, S. 11 ff.

Belling, Detlev W./Künster, Marion: Anmerkung zu BAG v. 14.9.1994, AP Nr. 24 zu § 626 BGB Verdacht strafbarer Handlung

Berkowsky, Wilfried: Die personen- und verhaltensbedingte Kündigung, 3. Auflage, München 1997

Boemke, Burkhard: Anmerkung zu BAG vom 27.02.1997, WiB 1997, S. 874
—: Nachwirkungen des Arbeitsverhältnisses, in: AR- Blattei SD, Arbeitsvertrag – Arbeitsverhältnis X, Nachwirkungen des Arbeitsvertrags, 220.10
Boemke, Burkhard/Gründel, Mirko: Grundrechte im Arbeitsverhältnis, in: ZfA 2001, S. 245 ff.
Boewer, Dietrich: Der Wiedereinstellungsanspruch – Teil 1 und 2, in: NZA 1999, S. 1121 ff. und 1177 ff.
Bötticher, Eduard: Besinnung auf das Gestaltungsrecht und das Gestaltungsklagerecht, in: Festschrift für Hans Dölle, Band I, 1963, S. 41 ff.
Boudon, Ulrich: Anmerkung zu BAG v. 6.8.1997, in: EWiR 1998, § 1 KSchG Nr. 1, S. 323 f.
Bram, Rainer/Rühl, Werner: Praktische Probleme des Wiedereinstellungsanspruchs nach wirksamer Kündigung, in: NZA 1990, S. 753 ff.
Brobrowski, Paul/Gaul, Dieter: Das Arbeitsrecht im Betrieb, Band II, 8. Auflage, Heidelberg 1986
Busch, Mathias: Die Verdachtskündigung im Arbeitsrecht, in: MDR 1995, S. 217 ff.
Busche, Jan: Privatautonomie und Kontrahierungszwang, Tübingen 1999
Bydlinski, Franz: Juristische Methodenlehre und Rechtsbegriff, 2. Auflage, Wien 1991
Canaris, Claus- Wilhelm: Die Feststellung von Lücken im Gesetz, 2. Auflage, Berlin 1983
—: Die Vertrauenshaftung im deutschen Privatrecht, München 1971
Coen, Martin: Anmerkung zu BAG v. 23.6.1983, ArbuR 1984, S. 319 f.
Däubler, Wolfgang: Das Arbeitsrecht 2, Hamburg 1979
Däubler, Wolfgang/Kittner, Michael/Klebe, Thomas: Betriebsverfassungsgesetz, 7. Auflage, Frankfurt am Main 2000
Dette, Hans Walter: Venire contra factum proprium nulli conceditur, Berlin 1985
Deutsch, Erwin: Allgemeines Haftungsrecht, 2. Auflage, Köln 1996
Dieterich, Thomas/Hanau, Peter/Schaub, Günter: Erfurter Kommentar zum Arbeitsrecht, München 1998
Dorndorf, Eberhard/Weller, Bernhard/Hauck, Friedrich/Höland, Armin/ Kriebel, Volkhart/Neef, Klaus: Heidelberger Kommentar zum Kündigungsschutzgesetz, 4. Auflage, Heidelberg 2001

Dörner, Klemens: Bestandsaufnahme und Kritik eines überkommenen Rechtsinstituts, in: AiB 1993, S. 147 ff.
—: Die Verdachtskündigung im Spiegel der Methoden zur Auslegung von Gesetzen, in: NZA 1992, S. 865 ff.
Emmermann, Axel: Die Nachwirkung des Arbeitsverhältnisses, Diss., Hamburg 1973
Enderlein, Wolfgang: Das erschütterte Arbeitgebervertrauen im Recht der verhaltensbedingten Tat- und Verdachtskündigung, in: RdA 2000, S. 325 ff.
Engisch, Karl: Einführung in das juristische Denken, 8. Auflage, Stuttgart 1983
Ertl, Jürgen: Der Wiedereinstellungsanspruch bei Abschluss eines Abfindungsvergleichs im zu Grunde liegenden Kündigungsschutzprozess, in: DStR 2001, S. 442 ff.
Esser, Josef/Schmidt, Eike: Schuldrecht, Band I, Allgemeiner Teil, Teilband 1, 8. Auflage, Heidelberg 1995
Fabricius, Fritz/Wiese, Günther/Kreutz, Peter/Oetker, Hartmut: Betriebsverfassungsgesetz, Gemeinschaftskommentar, Band II, §§ 74-132 mit Kommentierung des BetrVG von 1952, 6. Auflage, Neuwied 1998
Fikentscher, Wolfgang: Schuldrecht, 9. Auflage, Berlin 1997
Fitting, Karl (Begr.)/Kaiser, Heinrich/Heither, Friedrich/Engels, Gerd: Betriebsverfassungsgesetz, 20. Auflage, München 2000
Floretta, Hans: Die Konstruktion des allgemeinen Kündigungsschutzes im österreichischen Arbeitsrecht und Grundgedanken in diesem Rechtsinstitut, in: Festschrift für Sir Otto Kahn-Freund, München 1980, S. 433 ff.
Frey, Erich: Der Beurteilungszeitpunkt tatsächlicher Umstände beim Kündigungsschutz, in: ArbuR 1955, S. 140 ff.
Furier, Manfred- Theo: Wiedereinstellung, in: AiB 1999, S. 246 ff.
Gamillscheg, Franz: Arbeitrecht I, 7. Auflage, München 1987
—: Die Grundrechte im Arbeitsrecht, in: AcP 164 (1964), S. 385 ff.
Gentges, Peter: Prognoseprobleme im Kündigungsschutzrecht, Diss., Bochum 1994
Gernhuber, Joachim: § 242 BGB – Funktion und Tatbestände, in: JuS 1983, S. 764 ff.
Göller, Irmgard: Die Entwicklung des Kündigungsschutzrechts in Deutschland, Diss., Freiburg 1974

Günzel, Eric: Der Wiedereinstellungsanspruch bei Fortführung des Betriebs nach Ablauf der Kündigungsfrist, in: DB 2000, S. 1227 ff.
Hambitzer, Ulrich Max: Der Wiedereinstellungsanspruch des Arbeitnehmers nach wirksamer Kündigung, Diss., Bonn 1987
—: Wiedereinstellungsanspruch nach wirksamer betriebsbedingter Kündigung ? in: NJW 1985, S. 2239 ff.
Hanau, Peter: Das Verhältnis von Arbeitsvertrag, Arbeitserlaubnis und Aufenthaltserlaubnis ausländischer Arbeitnehmer, in: Festschrift 25 Jahre Bundesarbeitsgericht, München 1979, S. 169 ff.
Hanau, Peter/Adomeit, Klaus: Arbeitsrecht, 11. Auflage, Neuwied 1994
Heilmann, Aribert: Verdachtskündigung und Wiedereinstellung nach Rehabilitierung, Diss. Heidelberg 1964
Henckel, Wolfram: Die Anpassung des Rechts der Betriebsübernahme (§ 613 a BGB) an die Insolvenzsituation de lege lata und de lege ferenda, in: ZGR 1984, S. 225 ff.
Hergenröder, C. W. : Anmerkung zu BAG vom 04.12.1997, EzA § 1 KSchG Wiedereinstellungsanspruch Nr. 3
Herschel, Wilhelm: Neue Tatsachen nach Verdachtskündigung des Arbeitsvertrages, in: BlStSozArbR 1977, S. 113 ff.
—: Anmerkung zu ArbG Münster v. 7.4.1983, EzA § 1 KSchG Krankheit Nr. 11
—: Gedanken zur Theorie des arbeitsrechtlichen Kündigungsgrundes, in: Festschrift für Gerhard Müller, Berlin 1981, S. 191 ff.
Hess, Harald/Schlochauer, Ursula/Glaubitz, Werner: Kommentar zum Betriebsverfassungsgesetz, 5. Auflage, Neuwied 1997
Hilger, Marie Luise: Anspruch eines entnazifizierten Arbeitnehmers auf seinen alten Arbeitsplatz, in: BB 1949, S. 471 ff.
Hinrichs, Werner: Anmerkung zu BAG vom 27.02.1997, in: AiB 1997, S. 615 ff.
Hoffmanns, Helmut: Nachwirkende Nebenpflichten von Schuldverhältnissen, Diss. Köln 1986
Hohmeister, Udo: Das Wirksamwerden einer Kündigung, in: ZRP 1994, S. 141 ff.
Honstetter, Johannes A.: Die Prognoseentscheidung des Arbeitgebers im Kündigungsrecht, Diss. Konstanz 1994
Hubmann, Heinrich: Der bürgerlichrechtliche Aufopferungsanspruch, in: JZ 1958, S. 489 ff.

Hueck, Alfred: Die Pflicht des Arbeitgebers zur Wiedereinstellung entlassener Arbeitnehmer, in: Festschrift für Justus Wilhelm Hedemann, Berlin 1958, S. 131 ff.
—: Der Hattenheimer Entwurf des Kündigungsschutzgesetzes, in: RdA 1950, S. 65 ff.
Hueck, Alfred/Hueck, Götz/v. Hoyningen-Huene, Gerrick/Linck, Rüdiger: Kündigungsschutzgesetz, 12. Auflage, München 1997 (zitiert unter Angabe der Auflage)
Hueck, Alfred/Nipperdey, Hans Carl: Lehrbuch des Arbeitsrechts, 7. Auflage, Erster Band, Berlin 1963
Hwang, Chen-Guan: Der maßgebliche Zeitpunkt für die Beurteilung der Wirksamkeit der Kündigung des Arbeitgebers, Diss., Göttingen 1988
Jauernig, Othmar (Hrsg.): Bürgerliches Gesetzbuch, 9. Auflage, München 1999
Joost, Detlev: Anmerkung zu BAG v. 15.2.1984, EzA § 1 KSchG Krankheit Nr. 15
Kaiser, Dagmar: Wegfall des Kündigungsgrundes – Weder Unwirksamkeit der Kündigung noch Wiedereinstellungsanspruch, in: ZfA 2000, S. 205 ff.
Käuffer, Josef: Die Vor- und Nachwirkungen des Arbeitsverhältnisses, Diss. Köln 1959
Kittner, Michael: Gemeinsame Anmerkung zu den Entscheidungen des BAG v. 6.9.1989, EzA § 1 KSchG Krankheit Nr. 26 und 27
—: Das neue Recht der Sozialauswahl bei betriebsbedingten Kündigungen und die Ausdehnung der Kleinbetriebsklausel, in: ArbuR 1997, S. 182 ff.
Kittner, Michael/Däubler, Wolfgang/Zwanziger, Bertram: KSchR, 5. Auflage, Frankfurt/Main 2001
4. Auflage, Frankfurt/Main 1999 (letztere zitiert unter Angabe der Auflage)
Koller, Peter: Theorie des Rechts, 2. Auflage, Wien 1997
Konzen, Horst: Aufopferung im Zivilrecht, Berlin 1969
Kort, Michael: Anmerkung zu BAG v. 28.6.2000, SAE 2001, S. 131 ff.
Kraft, Alfons: Bestandsschutz des Arbeitsverhältnisses; Lohn ohne Arbeit – Überlegungen zur Reduzierung der Regelungsdichte des Arbeitsrechts und zur Wiederherstellung der Äquivalenz im Arbeitsverhältnis, in: ZfA 1994, S. 463 ff.

Kramer, Michael: Rechtsfolgen unzulässig kurzer Kündigungs- und Ausschlussfristen, in: BB 1997, S. 731 ff.
Lakies, Thomas: Änderung des Kündigungsschutzgesetzes und allgemeiner Kündigungsschutz nach § 242 BGB – Verfassungsrechtliche Fragen, in: DB 1997, S. 1078 ff.
Langenbucher, Katja: Der Wiedereinstellungsanspruch des Arbeitnehmers beim Betriebsübergang, in: ZfA 1999, S. 299 ff.
Langer, Karl A.: Anspruch auf Wiedereinstellung ? in: NZA Beil. 3/1991, S. 23 ff.
Larenz, Karl: Anmerkung zu BAG vom 14.12.1956, 24.11.1956, AP Nr. 4 zu § 611 BGB Fürsorgepflicht
—: Schuldrecht, Allgemeiner Teil, 14. Auflage, München 1987
Larenz, Karl/Wolf, Manfred: Allgemeiner Teil des bürgerlichen Rechts, 8. Auflage, München 1997
Larenz, Karl/Canaris, Claus Wilhelm: Methodenlehre der Rechtswissenschaft, 3. Auflage, Berlin 1995
—: Lehrbuch des Schuldrechts, 2. Band, Besonderer Teil, 2. Halbband, 13. Auflage, München 1994
Lehmann, Richard: Entwicklung und Inhalt der Fürsorgepflicht des Unternehmers, Diss. Kiel 1940
Lewerenz, Karl- Joachim/Woltereck, Frank/Wehleit, Burkhard: Saison- und Kampagnearbeit, in: AR- Blattei [D], Saisonarbeit I, Übersicht
Lisec, Anja: Der Wiedereinstellungsanspruch des Arbeitnehmers nach betriebsbedingter Kündigung und Betriebsübergang, Diss. Berlin 2000
Löwisch, Manfred: Kommentar zum Kündigungsschutzgesetz, 8. Auflage, Heidelberg 2000
—: Taschenkommentar zum Betriebsverfassungsgesetz, 4. Auflage, Heidelberg 1996
—: Wilhelm Herschel und die Wurzeln von Ultima – ratio – Grundsatz und Prognoseprinzip, in: BB 1998, S. 1793 ff.
Lücke, Oliver: Unter Verdacht: Die Verdachtskündigung, in: BB 1997, S. 1842 ff.
—: Die Verdachtskündigung – Fragen aus der Praxis, in: BB 1998, S. 2259 ff.
Mansfeld: Anmerkung zu LAG Duisburg v. 8.4.1937, ARS 30, Nr. 32
Mathern, Friedrich: Die krankheitsbedingte Kündigung, in: NJW 1996, S. 818 ff.

Meinel, Gernod/Bauer, Thorsten: Der Wiedereinstellungsanspruch, in: NZA 1999, S. 575 ff.
Mohnen, Heinz: Nachwirkungen des Arbeitsverhältnisses, in: RdA 1957, S. 405 ff.
Moll, Wilhelm: Anmerkung zu LAG Hamm v. 11.11.1998, in: EWiR 1999, § 613 a BGB Nr. 14, S. 995 f.
Moos, Peter: Nachwirkende Vertragspflichten aus Arbeitsverhältnissen, in: RdA 1962, S. 301 ff.
Mummenhoff, Winfried: Anmerkung zu BAG v. 15.3.1984, SAE 1985, S. 305 ff.
Nägele, Stefan: Die Renaissance des Wiedereinstellungsanspruchs, in: BB 1998, S. 1686 ff.
Nicolai, Andrea/Noak, Stefanie: Grundlagen und Grenzen des Wiedereinstellungsanspruchs nach wirksamer Kündigung des Arbeitsverhältnisses, in: ZfA 2000, S. 87 ff.
Nikisch, Arthur: Arbeitsrecht, Band I, 3. Auflage, Tübingen 1961
—: Anmerkung zu BAG v. 4.6.1964, SAE 1965, S. 71 ff.
Oetker, Hartmut: Der Wiedereinstellungsanspruch des Arbeitnehmers bei nachträglichem Wegfall des Kündigungsgrundes, in: ZIP 2000, S. 643 ff.
—: Anmerkung zu BAG vom 28.06.2000, ZIP 2000, 1787 ff.
—: Gibt es einen Kündigungsschutz außerhalb des Kündigungsschutzgesetzes ? in: ArbuR 1997, S. 41 ff.
—: Arbeitsrechtlicher Bestandsschutz und Grundrechtsordnung, in: RdA 1997, S. 9 ff.
Otto, Hansjörg: Grünes Licht für die Wiedereinstellung bei betriebsbedingten Entlassungen ? in: Festschrift für Alfons Kraft, Neuwied 1998, S. 451 ff.
—: Schranken der Kündigungsfreiheit außerhalb des allgemeinen Kündigungsschutzes, in: Festschrift für Günther Wiese, 1998, S. 353 ff.
—: Anmerkung zu BAG v. 25.11.1982, EzA § 1 KSchG Krankheit Nr. 10
—: Anmerkung zu BAG v. 28.6.2000, AP Nr. 6 zu § 1 KSchG 1969 Wiedereinstellung
Palandt, Otto: Bürgerliches Gesetzbuch, 61. Auflage, München 2002
Preis, Ulrich: Anmerkung zu LAG Köln vom 10.01.1989, LAGE § 611 BGB Einstellungsanspruch Nr. 1

—: Neuere Tendenzen im arbeitsrechtlichen Kündigungsschutz (I) und (II), in: DB 1988, S. 1387 ff. und 1444 ff.
—: Prinzipien des Kündigungsrechts bei Arbeitsverhältnissen, München 1987
—: Der Kündigungsschutz außerhalb des Kündigungsschutzgesetzes, in: NZA 1997, S. 1256 ff.
Preis, Ulrich/Steffan, Ralf: Neue Konzepte des BAG zum Betriebsübergang nach § 613 a BGB, in: DB 1998, S. 309 ff
Raab, Thomas: Der Wiedereinstellungsanspruch des Arbeitnehmers bei Wegfall des Kündigungsgrundes, in: RdA 2000, S. 147 ff.
—: Anmerkung zu BAG vom 28.06.2000, RdA 2001, S. 248 ff.
Rebmann, Kurt (Hrsg.)/Säcker, Jürgen (Hrsg.): Münchener Kommentar zum Bürgerlichen Gesetzbuch
- Band 2, §§ 241- 432 BGB, 3. Auflage, München 1994
- Band 4, §§ 607- 704 BGB, 3. Auflage, München 1997
Reinhardt, Rudolf: Grundsätzliches zum Recht auf Wiedereinstellung entnazifizierter Arbeitnehmer, in: RdA 1950, S. 85 ff.
Reuter, Dieter: Die freie Wahl des Arbeitsplatzes – ein nicht realisierbares Grundrecht ? in: RdA 1973, S. 345 ff.
—: Reichweite und Grenzen der Legitimität des Bestandsschutzes von Arbeitsverhältnissen, in: ORDO 33 (1982), S. 165 ff.
—: Grundlagen des Kündigungsschutzes – Bestandsaufnahme und Kritik, in: Festschrift 25 Jahre Bundesarbeitsgericht, München 1979, S. 405 ff.
Richardi, Reinhard/Dietz, Rolf: Betriebsverfassungsgesetz, 7. Auflage, München 1998
Richardi, Reinhard/Wlotzke, Otfried: Münchener Handbuch zum Arbeitsrecht, Band 1 und 2, 2. Auflage, München 2000
Ricken, Oliver: Grundlagen und Grenzen des Wiedereinstellungsanspruchs, in: NZA 1998, S. 460 ff.
—: Anmerkung zu BAG v. 18.11.1999, RdA 2001, S. 52 ff.
—: Anmerkung zu BAG v. 27.6.2001, AP Nr. 10 zu § 1 KSchG 1969 Wiedereinstellung
Röhl, Klaus F. : Allgemeine Rechtslehre, Köln 1995
Rüthers, Bernd: Rechtstheorie, München 1999
—: Arbeitsrecht und ideologische Kontinuitäten ? in: NJW 1998, S. 1433 ff.
Schaub, Günter: Arbeitsrechts- Handbuch, 9. Auflage, München 2000

Schmidt, Gustav: Nachprüfung betrieblicher Maßnahmen im Kündigungsschutzverfahren, in: AR- Blattei [D], Kündigungsschutz IV, Nachprüfung betrieblicher Maßnahmen
Schreiber, Klaus: Anmerkung zu BAG v. 15.8.1984, SAE 1986, S. 74 ff.
Schütte, Reinhard: Die Verdachtskündigung, in: NZA Beil. 2/1991, S. 17 ff.
Schwarze, Roland: Anmerkung zu Hessischem LAG v. 19.7.1999, LAGE § 1 KSchG Betriebsbedingte Kündigung Nr. 55
Schwedtner, Peter: Rücknahme der Kündigung und Kündigungsschutzprozeß, in: ZIP 1982, S. 639 ff.
—: Die Garantie des Rechts auf Arbeit – Ein Weg zur Knechtschaft ? in: ZfA 1977, S. 47 ff.
—: Offene Probleme des Kündigungsschutzes bei betriebsbedingten Kündigungen (Anm. zu BAG v. 24.3.1983), in: ZIP 1984, S. 10 ff.
Seier, Jürgen: Kündigungsbetrug durch Verschweigen des Wegfalls von Eigenbedarf, in: NJW 1988, S. 1617 ff.
Sieg, Karl: Anmerkung zu BAG vom 23.6.1983, SAE 1984, S. 26 f.
Singer, Reinhard: Das Verbot widersprüchlichen Verhaltens, Diss., München 1993
Soergel, Hs. Th. (Hrsg.): Bürgerliches Gesetzbuch - §§ 241- 432 BGB, 12. Auflage, Stuttgart Juli 1990
- §§ 516- 651 BGB, 12. Auflage, Stuttgart Frühjahr 1997
Stahlhacke, Eugen/Preis, Ulrich/Vossen, Reinhard: Kündigung und Kündigungsschutz im Arbeitsverhältnis, 7. Auflage, München 1999
Strathmann, Stephanie: Der Wiedereinstellungsanspruch eines wirksam gekündigten Arbeitnehmers, Diss. Bielefeld 2001
Stückmann, Roland/Kohlepp, Christina: Verhältnismäßigkeitsgrundsatz und „ultima- ratio- Prinzip“ im Kündigungsrecht, in: RdA 2000, S. 331 ff.
v. Hoyningen- Huene, Gerrick: Betriebsverfassungsrecht, 4. Auflage, München 1998
v. Hoyningen- Huene, Gerrick/Linck, Rüdiger: Kündigungsschutzgesetz, 13. Auflage, München 2002
v. Sebut, Dietrich: Der Wegfall von Kündigungsgründen des Vermieters, in: NJW 1985, 289 ff.
—: Der soziale Schutz als Regelungsproblem des Vertragsrechts, Berlin 1982

v. Staudinger, J.: Kommentar zum Bürgerlichen Gesetzbuch - §§ 134-163 BGB, 13. Bearbeitung, Berlin 1996
- §§ 241-243 BGB, 13. Bearbeitung, Berlin 1995
- §§ 564-580 a BGB, 13. Bearbeitung, Berlin 1997
vom Stein, Jürgen: Wiedereinstellungsanspruch des Arbeitnehmers bei Fehlprognose des Arbeitgebers ? in: RdA 1991, S. 85 ff.
—: Fehleinschätzungen bei der Kündigung von Arbeitsverhältnissen, Diss. Köln 1989
von Bar, Christian: „Nachwirkende" Vertragspflichten, in: AcP 179 (1979), S. 452 ff.
Walker, Wolf- Dietrich: Anmerkung zu BAG vom 27.02.1997, SAE 1998, S. 103 ff.
—: Anmerkung zu BAG vom 12.8.1999, EzA § 626 BGB Verdacht strafbarer Handlung Nr. 8
Wank, Rolf: Anmerkung zu BAG vom 15.03.1984, AP Nr. 2 zu § 1 KSchG 1969 Soziale Auswahl
—: Die Kündigung außerhalb des Kündigungsschutzgesetzes, in: Festschrift für Peter Hanau, 1999, S. 295 ff.
—: Grenzen richterlicher Rechtsfortbildung, Berlin 1978
—: Tendenzen der BAG – Rechtsprechung zum Kündigungsrecht, in: RdA 1993, S. 79 ff.
Weber, Christoph: Anmerkung zu BAG vom 5.5.1994 und 14.9.1994, in: SAE 1996, S. 57 ff.
Weslau, Dietmar: Rechtsprobleme des Wiedereinstellungsanspruchs, BuW 1998, S. 953 ff.
Westera, Diane: Der Wiedereinstellungsanspruch nach wirksamer Kündigung, Diss. Göttingen 2001
Westermann, Harm Peter: Erman – Bürgerliches Gesetzbuch, Band I, 10. Auflage, Münster 2000
Ziemann, Werner: Die Klage auf Wiedereinstellung oder Fortsetzung des Arbeitsverhältnisses, in: MDR 1999, S. 716 ff.
Zwanziger, Bertram: Neue Tatsachen nach Zugang einer Kündigung, in: BB 1997, S. 42 ff.
—: Betriebsbedingte Kündigungen im Lichte der Rechtsprechung, in: NJW 1995, S. 916 ff.

Bezüglich der verwendeten Abkürzungen wird verwiesen auf

Kirchner, Hildebert: Abkürzungsverzeichnis der Rechtssprache, 4. Auflage, Berlin 1993

Peter Lang · Europäischer Verlag der Wissenschaften

Hauke Rinsdorf

Die Anwendbarkeit des Gleichbehandlungsgrundsatzes auf Kündigungen durch den Arbeitgeber

Frankfurt am Main, Berlin, Bern, Bruxelles, New York, Oxford, Wien, 2002.
IX, 182 S.
Europäische Hochschulschriften: Reihe 2, Rechtswissenschaft. Bd. 3446
ISBN 3-631-39334-2 · br. € 39.00*

Die Frage der Anwendbarkeit des Gleichbehandlungsgrundsatzes auf Kündigungen durch den Arbeitgeber führt zu den Grundlagen dieses Rechtsinstituts. In dieser Arbeit wird der arbeitsrechtliche Gleichbehandlungsgrundsatz als Instrument der Imparitätskorrektur entwickelt. Von dort aus wird sodann die speziell kündigungsrechtliche Problematik in den Blick genommen. Dabei finden auch die Bezüge zum Diskriminierungsschutz und zum kirchlichen Arbeitsrecht Berücksichtigung. Grenzziehungen werden unter der Zielsetzung vorgenommen, dem Arbeitgeber hinreichende Spielräume für unternehmerische Entscheidungen zu sichern.

Aus dem Inhalt: Die Funktion des Gleichbehandlungsgrundsatzes im System arbeitsrechtlicher Imparitätskorrektur · Unternehmerische Entscheidungsfreiheit als Grenze der Gleichbehandlung · Die Bedeutung im Bereich der Kündigung

Frankfurt am Main · Berlin · Bern · Bruxelles · New York · Oxford · Wien
Auslieferung: Verlag Peter Lang AG
Moosstr. 1, CH-2542 Pieterlen
Telefax 00 41 (0) 32 / 376 17 27

*inklusive der in Deutschland gültigen Mehrwertsteuer
Preisänderungen vorbehalten

Homepage http://www.peterlang.de

FSC
www.fsc.org
MIX
Papier | Fördert gute Waldnutzung
FSC® C083411

Kolibri 360 GmbH
Ferdinand-Jühlke-Straße 7
99095 Erfurt, Deutschland
produktsicherheit@kolibri360.de

Druck:
CPI Druckdienstleistungen GmbH
im Auftrag der
Kolibri 360 GmbH
Ferdinand-Jühlke-Str. 7
99095 Erfurt